Angelika Landmann

Kasachisch
Kurzgrammatik

Angelika Landmann

Kasachisch
Kurzgrammatik

2012

Harrassowitz Verlag · Wiesbaden

Bibliografische Information der Deutschen Nationalbibliothek
Die Deutsche Nationalbibliothek verzeichnet diese Publikation in der Deutschen
Nationalbibliografie; detaillierte bibliografische Daten sind im Internet
über https://www.dnb.de abrufbar.

Bibliographic information published by the Deutsche Nationalbibliothek
The Deutsche Nationalbibliothek lists this publication in the Deutsche
Nationalbibliografie; detailed bibliographic data are available on the internet
at https://www.dnb.de.

Informationen zum Verlagsprogramm finden Sie unter
http://www.harrassowitz-verlag.de
© Otto Harrassowitz GmbH & Co. KG, Wiesbaden 2012
Kreuzberger Ring 7c–d, 65205 Wiesbaden, produktsicherheit.verlag@harrassowitz.de
Das Werk einschließlich aller seiner Teile ist urheberrechtlich geschützt.
Jede Verwertung außerhalb der engen Grenzen des Urheberrechtsgesetzes ist ohne
Zustimmung des Verlages unzulässig und strafbar. Das gilt insbesondere
für Vervielfältigungen jeder Art, Übersetzungen, Mikroverfilmungen und
für die Einspeicherung in elektronische Systeme.
Gedruckt auf alterungsbeständigem Papier
Druck und Verarbeitung: docupoint, Magdeburg
Printed in Germany
ISBN 978-3-447-06783-6

Inhaltsverzeichnis

Vorwort VII

Lautlehre 1
1. Das Alphabet – 2. Vokalharmonie – 3. Suffixbildung ....

I. Das Substantiv 7
1. Grundform und Nominativ – 2. Der Plural – 3. Der Genitiv – 4. Der Dativ – 5. Der Akkusativ – 6. Der Lokativ – 7. Der Ablativ – 8. Die Possessivsuffixe der 1. und 2. Personen – 9. Die Possessivsuffixe der 3. Personen – 10. Die Genitiv-Possessiv-Konstruktion – 11. Zusammengesetzte Substantive ....

II. Das Adjektiv 18
1. Der Gebrauch des Adjektivs – 2. Der Komparativ – 3. Der Superlativ – 4. Intensivformen ....

III. Das Adverb 21

IV. Pronomina 22
1. Demonstrativpronomina – 2. Personalpronomina – 3. Possessivpronomina – 4. Das Reflexivpronomen – 5. Das reziproke Pronomen – 6. Indefinitpronomina – 7. Interrogativpronomina – 8. Die Fragepartikel ме ....

V. Die Zahlen 29
1. Die Kardinalzahlen – 2. Die Uhrzeit – 3. Alter – 4. Ordinalzahlen – 5. Das Datum – 6. Bruchzahlen – 7. Distributivzahlen ....

VI. Postpositionen 34
1. Postpositionen mit dem Nominativ – 2. Postpositionen mit dem Genitiv – 3. Postpositionen mit dem Dativ – 4. Postpositionen mit dem Ablativ ....

VII. Das Hilfsverb *sein* sowie бар und жок 39
1. Das Präsens – 2. Das Verb бол- – 3. Das Präteritum – 4. Die Form екен ....

VIII. Zeiten und Modi des Vollverbs 44
1. Allgemeines – 2. Die Präsens- und Futurformen auf **-e/-й**, **-етін/ -йтін**, **-(е)р/-мес**, **-мек(ші)**, **-(і)п жатыр** und **-уде** – 3. Die Perfektformen auf **-ді**, **-ген** und **-(і)п** – 4. Aufforderungsformen: Imperative und Optativ – 5. Mit **еді** und **екен** zusammengesetzte Verbformen – 6. Mit Bildungen von **бол-** zusammengesetzte Verbformen – 7. Konditionale Verbformen..

IX. Verbalnomina 74
1. Das Verbalnomen auf **-у** – 2. Das Verbalsubstantiv auf **-іс** – 3. Das substantivische Verbalnomen auf **-ген** – 4. Das Verbalnomen auf **-ген** als Partizip – 5. Das Verbalnomen auf **-(і)п жатқан** – 6. Das Verbalnomen auf **-етін/-йтін** – 7. Das Verbalnomen auf **-(е)р/-мес** ....

X. Konverbien 86
1. Das Konverb auf **-е/-й** – 2. Verbalkompositionen mit dem Konverb auf **-е/-й** – 3. Das Konverb auf **-(і)п** – 4. Verbalkompositionen mit dem Konverb auf **-(і)п** – 5. Die Form **деп** – 6. Die Konverbien auf **-мей** und **-местен** – 7. Das Konverb auf **-гелі** – 8. Die Konverbien auf **-генше** und **-мейінше** ....

XI. Konjunktionen 97

XII. Partikeln 99

XIII. Wortbildung 101
1. Substantive auf **-хана** – 2. Substantive auf **-ше** – **3**. Substantive auf **-ші** – 4. Substantive auf **-гі** – 5. Substantive und Adjektive auf **-лік** – 6. Adjektive auf **-лі** – 7. Adjektive auf **-сіз** – 8. Das Zugehörigkeitssuffix **-гі** – 9. Das Äquativsuffix **-дей** – 10. Das Äquativsuffix **-ше** – 11. Verbstämme auf **-ле** – 12. Reflexive Verbstämme – 13. Reziproke Verbstämme – 14. Kausative Verbstämme – 15. Das Passiv............

XIV. Wortfolge 110

Anhang 113
Übersichten über die kasachischen Suffixe 113
Suffixe, die ihre Anfangskonsonanten **л**, **м** und **н** verändern 115
Die deutschen Nebensätze und ihre kasachischen Entsprechungen 116
Alphabetisches Vokabelverzeichnis 117
Sachregister 128
Literaturverzeichnis 130

Vorwort

Die vorliegende Kurzgrammatik des Kasachischen vermittelt auf 130 Seiten die wichtigsten Grundlagen der kasachischen Grammatik in knapper, übersichtlicher und leicht verständlicher Form, ohne dass es der Kenntnis einer anderen Turksprache bedarf. Die einzelnen Kapitel sind nach grammatischen Kategorien geordnet, die Erklärungen werden jeweils durch Beispielsätze aus der Alltagssprache veranschaulicht.

Der Anhang enthält eine Liste der im Buch behandelten Suffixe sowie eine eigene Übersicht über diejenigen Suffixe, die ihre Anfangskonsonanten л, м, н verändern, die deutschen Nebensätze und ihre kasachischen Entsprechungen, ein alphabetisches Vokabelverzeichnis, ein Sachregister sowie ein Verzeichnis der verwendeten Literatur.

Zur Darstellung wurde das heute in Kasachstan verwendete modifizierte kyrillische Alphabet gewählt; auf eine Transkription mit lateinischen Buchstaben wurde bewusst verzichtet.

Ich danke meinen kasachischen Freunden und Bekannten für ihre tatkräftige Unterstützung, unter ihnen vor allem Azamat Turdikulov für viele wertvolle Hinweise und Anregungen.

Heidelberg, im Juni 2012					Angelika Landmann

Lautlehre

1. Das Alphabet

Schrift	Aussprache	Beispielwort	
А а	a	алма	Apfel
Ә ә	helles ä wie in Lärm	әке	Vater
Б б	b	бала	Kind
В в	w	вокзал	Bahnhof
Г г	vorderes g wie in Gerste	газет	Zeitung
Ғ ғ	hinteres g wie in Gong	ғасыр	Jahrhundert
Д д	d	дәптер	Heft
Е е	am Wortanfang je	есік	Tür
	nach Konsonant e	терезе	Fenster
Ж ж	stimmhaftes sch	жаз	Sommer
З з	stimmhaftes s wie in Seide	зат	Ding, Sache
И и	in hell vokalisierten Wörtern helles ij	киім	Kleidung
	in dunkel vokalisierten Wörtern dumpfes ij	сиыр	Kuh
	in russischen Lehnwörtern i	кино	Kino
	й	deutsches j	ай	Monat
К к	vorderes k wie in Kind	кітап	Buch
Қ қ	hinteres k wie in Kokon	қонақ	Gast
Л л	l	лекция	Vorlesung
М м	m	мектеп	Schule
Н н	n	нан	Brot
	ң	nasales n wie in Klang	еңбек	Arbeit
О о	offenes o wie in Koch	орта	Mitte
Ө ө	offenes ö wie in Börse	өзен	Fluss
П п	p	пәтер	Wohnung
Р р	Zungen-r	рахмет	Dank
С с	stimmloses s wie in Pass	сағат	Stunde, Uhr
Т т	t	тамақ	Essen
У у	in hell vokalisierten Wörtern üw	керуен	Karawane
	in dunkel vokalisierten Wörtern uw	қуаныш	Freude
	nach Vokal w	жауап	Antwort
	in russischen Lehnwörtern u	турист	Tourist

Ұ ұ	u	ұл	Sohn
Ү ү	ü	үй	Haus
Ф ф	f	телефон	Telefon
Х х	hinteres ch wie in Dach	хат	Brief
h	gehauchtes h wie in Himmel	жиһан	Weltall
Ц ц	ts	концерт	Konzert
Ч ч	tsch	чемодан	Koffer
Ш ш	stimmloses sch	шеше	Mutter
Ы ы	hinteres, dumpfes i	қыз	Tochter
І і	vorderes, helles i	кілем	Teppich
Ю ю	am Ende hell vokalisierter Wörter jüw	сүю	lieben
	am Ende dunkel vokalisierter Wörter juw	жаю	ausbreiten
	in russischen Lehnwörtern ju	юбка	Rock
Я я	ja	аяқ	Bein, Fuß

Im Kasachischen werden alle Wörter **klein geschrieben**, es sei denn, sie stehen am Satzanfang oder es handelt sich um Eigennamen.

Die **Betonung** innerhalb eines Wortes liegt nicht grundsätzlich auf einer bestimmten Silbe. Zwar werden zahlreiche Wörter auf der letzten Silbe betont, doch gibt es auch solche, die nicht dieser Regel folgen. Bestehende Betonungsregeln werden daher jeweils an der entsprechenden Stelle behandelt.

2. Vokalharmonie

Ein Hauptmerkmal des Kasachischen ist die sogenannte **Vokalharmonie**. Sie besagt, dass ein Wort entweder nur helle bzw. vordere oder nur dunkle bzw. hintere Vokale besitzt.

> Helle/vordere Vokale sind **ә, е, і, ө, ү**,
> dunkle/hintere Vokale sind **а, ы, о, ұ**.

Gleichzeitig ist das ganze Wort samt seinen Konsonanten hell bzw. dunkel auszusprechen. Bei Wörtern, die diesem Lautgesetz nicht folgen, handelt es sich zumeist um Fremdwörter.

3. Suffixbildung

Das zweite Hauptmerkmal ist die Tatsache, dass das Kasachische als agglutinierende Sprache seine grammatischen Funktionen durch angehängte Silben, sogenannte **Suffixe**, ausdrückt. Damit das Gesetz der Vokalharmonie gewahrt bleibt, erhält ein Wort mit hellen Vokalen nur Suffixe mit ebenfalls hellen Vokalen, und ein Wort mit dunklen Vokalen nur Suffixe mit ebenfalls dunklen Vokalen. In jedem Fall – das gilt auch für Lehnwörter – richtet sich der Vokal des Suffixes nach dem Vokal der unmittelbar vorausgehenden Silbe. Im Einzelnen sind folgende Regeln zu beachten (vgl. hierzu die Übersicht über die kasachischen Suffixe S. 113 ff.):

1. Ein Suffix, das **Vokalharmonie 1** folgt, erhält

> nach ә, e, i, ө, ү   den Vokal e,
> nach a, ы, o, ұ   den Vokal a.

Diese Regelung stimmt indes nicht mit der Aussprachepraxis überein. In der gesprochenen Sprache folgt auf ө und ү nicht e, sondern ө:

		Schrift	Aussprache	
дүкен	Laden	дүкен-де		im Laden
үй	Haus	үй-де	үй-дө	im Haus
қыз	Tochter	қыз-да		bei der Tochter
ұл	Sohn	ұл-да		bei dem Sohn

2. Ein Suffix, das **Vokalharmonie 2** folgt, erhält

> nach e, i, ө, ү   den Vokal i,
> nach a, ы, o, ұ   den Vokal ы.

Auch in diesem Punkt weicht die gesprochene Sprache von der Schriftsprache ab: hier folgen auf ө und ү ein ү und auf o und ұ ein ұ:

		Schrift	Aussprache	
дүкен	Laden	дүкен-ім		mein Laden
үй	Haus	үй-ім	үй-үм	mein Haus
қыз	Tochter	қыз-ым		meine Tochter
ұл	Sohn	ұл-ым	ұл-ұм	mein Sohn

Dies gilt auch innerhalb mehrsilbiger Wörter:

Schrift	Aussprache		Schrift	Aussprache	
бөлме	бөлмө	Zimmer	төле-	төлө-	bezahlen
жүзік	жүзүк	Ring	түсін-	түсүн-	verstehen
жұмыс	жұмұс	Arbeit	оқы-	оқу-	lesen

Schrift   Aussprache

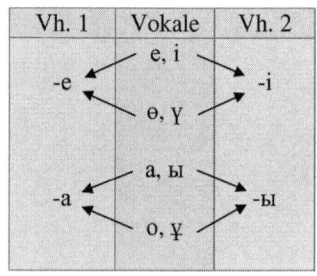 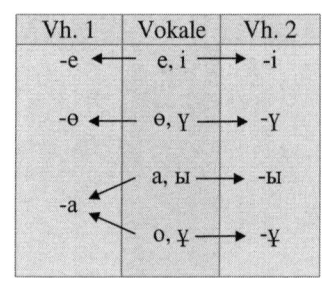

Auf diese Besonderheit soll indes nicht weiter eingegangen werden. Enthält im Folgenden ein Suffix den Vokal **e**, ist dies als Hinweis auf Vokalharmonie 1 zu verstehen; demgegenüber weist ein **i** auf Vokalharmonie 2 hin. Lediglich die Gruppierung der Substantive und Verben in den einzelnen Kapiteln nimmt auf die Einteilung in vier Vokalgruppen Rücksicht.

3. Endet ein Nomen oder Verbstamm auf einen der stimmlosen Konsonanten к, қ, п, с, т, ф, х, ч, ш, werden die Konsonanten г, ғ oder д am Beginn eines Suffixes klanglich angepasst, d.h. zu к, қ bzw. zu т „entstimmt":

мектеп	Schule	мектеп-те	in der Schule
жүзік	Ring	жүзік-те	an dem Ring
қонақ	Gast	қонақ-та	bei dem Gast

сеп-	streuen, säen	сеп-кен	gestreut, gesät
тік -	nähen	тік-кен	genäht
ақ-	fließen	ақ-қан	geflossen

Da die stimmhaften Konsonanten **б**, **в**, **г** und **д** am Ende von Lehnwörtern stimmlos ausgesprochen werden, gilt dies auch in ihrem Fall:

клуб	Klub	клуб-та	im Klub
архив	Archiv	архив-те	im Archiv
каталог	Katalog	каталог-та	im Katalog
завод	Werk, Betrieb	завод-та	im Betrieb

Suffixe, die mit **л**, **н** oder **м** beginnen, verändern ebenso wie die Fragepartikel **ме** ihren Anfangskonsonanten in **д** bzw. in **б**, wenn bestimmte Konsonanten vorausgehen, so dass auch in diesem Fall Regel 3 gilt (vgl. hierzu im Einzelnen die Übersicht auf S. 115):

кеңсе	Büro	кеңсе-лер кеңсе-ні кеңсе ме?	Büros das Büro ein Büro?
дүкен	Laden	дүкен-дер дүкен-ді дүкен бе?	Läden den Laden ein Laden?
жүзік	Ring	жүзік-тер жүзік-ті жүзік пе?	Ringe den Ring ein Ring?

4. Umgekehrt „sonorisieren" zahlreiche Nomina und Verbstämme, die auf die Konsonanten **п**, **к** oder **қ** enden, ihren Endkonsonanten zu **б**, zu **г** bzw. zu **ғ**, wenn sie bei Anfügung eines vokalisch anlautenden Suffixes zwischen Vokale geraten:

мектеп	Schule	мектеб-ім	meine Schule
жүзік	Ring	жүзіг-ім	mein Ring
қонақ	Gast	қонағ-ым	mein Gast

сеп-	streuen, säen	себ-еді	er streut, er sät
тік -	nähen	тіг-еді	er näht
ақ-	fließen	ағ-ады	er fließt

Diese Lautgesetze durchziehen die gesamte kasachische Grammatik. Mit ihrer Kenntnis genügt es meist, eine einzige Form in ihrer Zusammensetzung zu kennen, um die jeweils geltenden Regeln abzuleiten und selbständig alle übrigen Formen zu bilden.

Des Weiteren gilt:
Allgemein wird beim Anfügen von Suffixen das Aufeinandertreffen von Vokalen vermieden:

кеңсе	Büro	кеңсе-м	mein Büro
		кеңсе-сі	sein Büro
дүкен	Laden	дүкен-ім	mein Laden
		дүкен-і	sein Laden

Aus diesem Grunde beginnen viele der im Folgenden wie auch im Anhang (vgl. S. 113) wiedergegebenen Suffixe mit einem in Klammern gesetzten Anfangsbuchstaben.

Schließlich besitzt das Kasachische eine Reihe zweisilbiger, konsonantisch auslautender Substantive, die den Vokal ihrer zweiten Silbe verlieren, wenn das sich anschließende Suffix mit einem Vokal beginnt.

ауыз	Mund	ауз-ым	mein Mund
ауыл	Dorf	аул-ым	mein Dorf
қарын	Leib	қарн-ым	mein Leib
мұрын	Nase	мұрн-ым	meine Nase
орын	Platz	орн-ым	mein Platz
халық	Volk	халқ-ым	mein Volk

Da einem Substantiv diese Eigenschaft nicht ohne Weiteres anzusehen ist, erhalten sie in den Wörterbüchern einen besonderen Hinweis.

I. Das Substantiv

1. Grundform und Nominativ des Substantivs

Das kasachische Substantiv hat keinen bestimmten Artikel; es unterscheidet auch nicht zwischen männlich, weiblich und sächlich:

Substantiv	-е, -і, -ө, -ү		-а, -ы, -о, -ұ	
auf Vokal	кеңсе *Büro*	бөлме *Zimmer*	бала *Kind*	оқушы *Schüler*
auf stimmhafte Konsonanten	дүкен *Laden*	үй *Haus*	қыз *Tochter*	ұл *Sohn*
auf stimmlose Konsonanten	мектеп *Schule*	жүзік *Ring*	қонақ *Gast*	дос *Freund*

In seiner Grundform hat es die Funktion eines sogenannten Kasus indefinitus und kann sowohl einen Singular wie auch einen Plural beinhalten. Gleichzeitig dient es auch als Subjektkasus, d.h. als Nominativ Singular:

оқушы	bedeutet demnach *Schüler/Schülerin*, *Schüler/Schülerinnen* wie auch *der Schüler/die Schülerin*.

Das Demonstrativpronomen *dieser, diese, dieses* lautet **бұл** (vgl. S. 22):

бұл оқушы	bedeutet *dieser Schüler/diese Schülerin*.

Das Zahlwort **бір** *eins* kann auch als unbestimmter Artikel dienen:

бір оқушы	bedeutet *ein Schüler/eine Schülerin*.

Nach Mengenangaben bleibt das Substantiv meist in seiner Grundform:

үш оқушы	bedeutet *drei Schüler/drei Schülerinnen*.
көп оқушы	bedeutet *viele Schüler/viele Schülerinnen*.

Substantiv	Plural	Possessive	Kasus	
кеңсе	-лер		---	Nominativ
			-нің	Genitiv
			-ге	Dativ
			-ні	Akkusativ
			-де	Lokativ
			-ден	Ablativ

2. Der Plural

Der Plural wird durch das Suffix **-лер** wiedergegeben. Er wird verwendet, um die Mehrzahl von Einzelpersonen oder -dingen zu bezeichnen:

-е, -і, -ө, -ү		-а, -ы, -о, -ұ	
кеңселер	бөлмелер	балалар	оқушылар
дүкендер	үйлер	қыздар	ұлдар
мектептер	жүзіктер	қонақтар	достар

Бұл балалар оқушы.	Diese Kinder sind Schüler.
Оқушылар еңбекшіл.	Die Schüler sind fleißig.

3. Der Genitiv

Der Genitiv antwortet auf die Fragen **кімнің** *wessen*, **ненің** *welcher Sache* und wird durch das Suffix **-нің** ausgedrückt; er tritt vor allem im Zusammenhang mit dem Possessiv der 3. Person auf (vgl. S. 16):

-е, -і, -ө, -ү		-а, -ы, -о, -ұ	
кеңсенің	бөлменің	баланың	оқушының
дүкеннің	үйдің	қыздың	ұлдың
мектептің	жүзіктің	қонақтың	достың

Бұл кімнің дәптері?	Wessen Heft ist das?
Мұғалімнің дәптері.	Das Heft des Lehrers.

Daneben dient er in seiner Kurzform auf **-ні** und ergänzt um das Zugehörigkeitssuffix **-кі** (vgl. S. 104) als Prädikatsnomen, um *gehören* zum Ausdruck zu bringen:

Бұл дәптер кімдікі?	Wessen ist dieses Heft = wem gehört dieses Heft?
Мұғалімдікі.	Es ist (dasjenige) des Lehrers = es gehört dem Lehrer.

4. Der Dativ

Der Dativ antwortet auf die Fragen **кімге** *wem, zu wem*, **қайда, қай жерге** *wohin*, **неге** *wozu, wonach* wie auch zeitlich *bis wann* (vgl. S. 31). Das Dativsuffix lautet **-ге**:

-е, -і, -ө, -ү		-а, -ы, -о, -ұ	
кеңсеге	бөлмеге	балаға	оқушыға
дүкенге	үйге	қызға	ұлға
мектепке	жүзікке	қонаққа	доска

Кімге жазып отырсың?	Wem schreibst du?
Мұғалімге жазып отырмын.	Ich schreibe dem Lehrer.

Қайда бара жатырсың?	Wohin gehst du?
Үйге бара жатырмын.	Ich gehe nach Hause.

Darüber hinaus gibt er die geplante zeitliche Dauer, die Ziel- und Zweckrichtung sowie die Höhe des Preises wieder, den man für eine Sache bezahlt hat:

Бір аптаға Астанаға қонаққа келдік.	Wir sind für eine Woche zu Gast nach Astana gekommen.
Мен нанға бардым.	Ich bin nach Brot gegangen.
Бүгін түскі тамаққа қазақтың ұлттық тамағы бар.	Heute gibt es zum Mittagessen das Nationalgericht der Kasachen.
Бұл кітапты алты теңгеге сатып алдым.	Ich habe dieses Buch für sechs Tenge gekauft.

5. Der Akkusativ

Der Akkusativ antwortet auf die Fragen **кімді** *wen*, **нені** *was*. Er wird im Kasachischen nur dann verwendet, wenn ein bestimmtes Objekt bezeichnet werden soll. Das Akkusativsuffix lautet **-ні**:

-е, -і, -ө, -ү		-а, -ы, -о, -ұ	
кеңсені	бөлмені	баланы	оқушыны
дүкенді	үйді	қызды	ұлды
мектепті	жүзікті	қонақты	досты

Кімді күтіп тұрсыңдар?	Auf wen wartet ihr?
Біз Асанды күтіп тұрмыз.	Wir warten auf Hasan.

Не іздеп жүрсіңдер?	Was sucht ihr?
Біз сөмкені іздеп жүрміз.	Wir suchen die Tasche.

Ist das Objekt dagegen unbestimmt, bleibt das Substantiv in seiner Grundform:

Жұмыс іздеп жүрміз.	Wir suchen Arbeit.

6. Der Lokativ

Der Lokativ antwortet auf die Fragen **кімде**, *bei wem*, **қайда**, **қай жерде** *wo*, **неде** *worin* sowie zeitlich **қашан** *wann* (vgl. S. 31) und wird im Deutschen durch die Präpositionen *in*, *an*, *auf*, *bei* und *um* ausgedrückt. Das Lokativsuffix lautet **-де**:

-е, -і, -ө, -ү		-а, -ы, -о, -ұ	
кеңседе	бөлмеде	балада	оқушыда
дүкенде	үйде	қызда	ұлда
мектепте	жүзікте	қонақта	доста

Сіз қайда тұрасыз?	Wo leben/wohnen Sie?
Мен қалада тұрамын.	Ich lebe/wohne in der Stadt.

Auch die Zeitspanne, innerhalb derer etwas geschieht, wird durch den Lokativ ausgedrückt:

| Институттан үйіме шейін бес минутта барамын. | Ich gehe innerhalb von fünf Minuten vom Institut zu mir nach Hause. |
| Тамақ жиырма минутта дайын болады. | Das Essen ist innerhalb von zwanzig Minuten fertig. |

Erweitert um das Zugehörigkeitssuffix **-гі** (vgl. S. 104) entstehen Adjektive, die das Vorhandensein an einem bestimmten Ort zum Ausdruck bringen:

| Бұл сыныптағы оқушылар неміс тілін үйренеді. | Die Schüler in dieser Klasse erlernen die deutsche Sprache. |
| Алматыдағы базарларда алма көп. | Auf den Märkten in Almaty gibt es viele Äpfel. |

7. Der Ablativ

Der Ablativ antwortet auf die Fragen **кімнен** *von wem,* **қайдан, қай жерден** *woher,* **неден, неліктен** *woraus, wodurch, weshalb, warum* sowie zeitlich *ab wann* (vgl. S. 31). Das Ablativsuffix lautet **-ден**:

-е, -і, -ө, -ү		-а, -ы, -о, -ұ	
кеңседен	бөлмеден	баладан	оқушыдан
дүкеннен	үйден	қыздан	ұлдан
мектептен	жүзіктен	қонақтан	достан

| Кітапты кімнен алдың? | Von wem hast du das Buch bekommen? |
| Оны мұғалімнен алдым. | Ich habe es vom Lehrer bekommen. |

| Қайдан келдіңдер? | Woher seid ihr gekommen? |
| Біз үйден келдік. | Wir sind von zu Hause gekommen. |

| Бұл көйлектер неден тігілген? | Woraus ist diese Hemden genäht? |
| Олар жібектен тігілген. | Sie sind aus Seide genäht. |

Des Weiteren gibt er die Einkaufs- und Informationsquelle, die Wegstrecke, die jemand bzw. etwas nimmt, wie auch die Ursache wieder, aus der heraus etwas geschieht:

Базардан жеміс алдық.	Wir haben auf dem Markt Obst gekauft.
Жаңалықтарды радиодан естідік.	Wir haben die Neuigkeiten im Radio gehört.
Мұғалім есіктен кіріп жатыр.	Der Lehrer kommt zur Türe herein.
Балалар қуаныштан аспанға секірді.	Die Kinder sind vor Freude an die Decke (wörtl.: in den Himmel) gesprungen.

8. Die Possessivsuffixe der 1. und 2. Personen

Auch die Possessive werden im Kasachischen durch Suffixe wiedergegeben. Wie bei den Personalpronomina besitzt das Kasachische auch hier in den 2. Personen unterschiedliche Formen für die familiäre und die formelle Anrede:

Substantiv	Plural	Possessive		Kasus	
кеңсе	-лер	-(і)м	mein	---	Nominativ
		-(і)ң	dein	-нің	Genitiv
		-(і)ңіз	Ihr (Sg.)	-(г)е	Dativ
			sein/ihr	-ді	Akkusativ
		-(і)міз	unser	-де	Lokativ
		-леріңı	euer	-ден	Ablativ
		-леріңіз	Ihr (Pl.)		
			ihr		

Die Deklination ist weitgehend regelmäßig; lediglich nach den Possessivsuffixen der 1. und 2. Personen Singular verliert der Dativ seinen Anfangskonsonanten und der Anfangskonsonant des Ablativs wird zu **н**:

Бұл дәптер мұғалімімізідікі.	Dieses Heft gehört unserem Lehrer.
Әкеме хат жаздым.	Ich habe meinem Vater einen Brief geschrieben.

Мен сөмкемді іздеп жүрмін.	Ich suche meine Tasche.
Балалар бөлмеңде отыр.	Die Kinder sitzen in deinem Zimmer.
Үйіңізден шықтық.	Wir sind aus Ihrem (Sg.) Haus gegangen.

-е, -і, -ө, -ү		-а, -ы, -о, -ұ	
кеңсем	бөлмем	балам	оқушым
кеңсең	бөлмең	балаң	оқушың
кеңсеңіз	бөлмеңіз	балаңыз	оқушыңыз
кеңсеміз	бөлмеміз	баламыз	оқушымыз
кеңселерің	бөлмелерің	балаларың	оқушыларың
кеңселеріңіз	бөлмелеріңіз	балаларыңыз	оқушыларыңыз
дүкенім	үйім	қызым	ұлым
дүкенің	үйің	қызың	ұлың
дүкеніңіз	үйіңіз	қызыңыз	ұлыңыз
дүкеніміз	үйіміз	қызымыз	ұлымыз
дүкендерің	үйлерің	қыздарың	ұлдарың
дүкендеріңіз	үйлеріңіз	қыздарыңыз	ұлдарыңыз
мектебім	жүзігім	қонағым	досым
мектебің	жүзігің	қонағың	досың
мектебіңіз	жүзігіңіз	қонағыңыз	досыңыз
мектебіміз	жүзігіміз	қонағымыз	досымыз
мектептерің	жүзіктерің	қонақтарың	достарың
мектептеріңіз	жүзіктеріңіз	қонақтарыңыз	достарыңыз

Um Verwechslungen mit den Formen des Plurals zu vermeiden, erhält ein Gegenstand, der mehrere Eigentümer hat, meist nur das Possessivsuffix des Singulars:

сендердің үй(лер)ің	euer Haus
сендердің үйлерің	eure Häuser
сіздердің үй(лер)іңіз	Ihr (Pl.) Haus
сіздердің үйлеріңіз	Ihre (Pl.) Häuser

| Пәтерлерің/сендердің пәтерің нешінші қабатта? | Im wievielten Stock ist eure Wohnung? |
| Пәтеріміз үшінші қабатта. | Unsere Wohnung ist im dritten Stock. |

Das Kasachische besitzt kein Verb, das dem deutschen Verb *haben* entspricht. Um anzuzeigen, dass man etwas hat, das (zu) einem gehört, wird der Possessiv in Verbindung mit **бар** *vorhanden* bzw. **жоқ** *nicht vorhanden* verwendet:

Дәптерің бар ма?	Ist dein Heft vorhanden = hast du ein Heft?
Дәптерім бар.	Mein Heft ist vorhanden = ich habe ein Heft.

Um auszudrücken, dass man etwas (bei sich) hat, das zu einer anderen Person gehört, wird der Lokativ als Prädikatsnomen eingesetzt:

Дәптерім сенде ме?	Ist mein Heft bei dir = hast du mein Heft?
Иә, дәптерің менде.	Ja, dein Heft ist bei mir = ich habe dein Heft.

Hat man eine Sache bei sich, wird dies ebenfalls durch den Lokativ, diesmal jedoch verbunden mit **бар** *vorhanden* bzw. **жоқ** *nicht vorhanden*, zum Ausdruck gebracht:

Сенде дәптер бар ма?	Ist bei dir ein Heft vorhanden = hast du ein Heft dabei?
Менде дәптер жоқ.	Bei mir ist kein Heft vorhanden = ich habe kein Heft dabei.

9. Die Possessivsuffixe der 3. Personen

Die Possessivsuffixe der 3. Personen lauten **-(с)і** und **-лері**:

Substantiv	Plural	Possessive		Kasus	
кеңсе	-лер		mein	---	Nominativ
			dein	-нің	Genitiv
			Ihr (Sg.)	-не	Dativ
		-(с)і	sein/ihr	-н	Akkusativ
			unser	-нде	Lokativ
			euer	-нен	Ablativ
			Ihr (Pl.)		
		-лері	ihr		

-е, -і, -ө, -ү		-а, -ы, -о, -ұ	
кеңсесі	бөлмесі	баласы	оқушысы
дүкені	үйі	қызы	ұлы
мектебі	жүзігі	қонағы	досы

Auch hier erhält ein Gegenstand, der mehrere Eigentümer hat, meist nur das Possessivsuffix der 3. Person Singular:

мұғалімдердің дәптер(лер)і	das Heft der Lehrer
мұғалімдердің дәптерлері	die Hefte der Lehrer

Folgt auf die Possessivsuffixe der 3. Personen ein Kasussuffix, wird grundsätzlich ein sogenanntes **pronominales н** eingeschoben. Wie die Tabelle verdeutlicht, entfallen dabei der ursprüngliche Anfangskonsonant des Dativs und des Ablativs wie auch der Endvokal des Akkusativs:

Әкең кеңсесіне барды.	DeinVater ist in sein Büro gegangen.
Әйелім сөмкесін іздеп жүр.	Meine Frau sucht ihre Tasche.
Айша бөлмесінде отыр.	Ayscha sitzt in ihrem Zimmer.
Інілерің/сендердің інің дүкенінен шықты.	Euer jügerer Bruder ist aus seinem Laden gegangen.

10. Die Genitiv-Possessiv-Konstruktion

Soll ein Eigentumsverhältnis zum Ausdruck gebracht werden und ist der Eigentümer eine dritte Person, wird er – wie im Deutschen – in den Genitiv gesetzt. Der Eigentumsgegenstand wird ihm nachgestellt und erhält grundsätzlich das Possessivsuffix der 3. Person:

| Шешем**нің** дәрігері | der Arzt meiner Mutter |

Substantiv	Plural	Poss.	Kasus
шеше	-лер	-(і)м	
мұғалім		-(і)ң	**-нің**
сіңлі		-(і)ңіз	
әке		-(с)і	
әйел		-(і)міз	
күйеу		-(і)ң	
іні		-(і)ңіз	
		-(с)і	

Substantiv	Plural	Poss.	Kasus
дәрігер	-лер		---
дәптер			-нің
үй			-не
кеңсе		**-(с)і**	-н
сөмке			-нде
бөлме			-нен
дүкен			
		-(с)і	

Мына кісі шешемнің дәрігері.	Dies(e Person) ist der Arzt meiner Mutter.
Мынау мұғаліміміздің дәптері.	Das ist das Heft unseres Lehrers.
Мынау досымның сіңлісінің үйі.	Das hier ist das Haus der jüngeren Schwester meines Freundes.
Әкеңнің кеңсесіне бардық.	Wir sind in das Büro deines Vaters gegangen.
Әйелімнің сөмкесін іздеп жүрмін.	Ich suche die Tasche meiner Frau.
Айша күйеуінің бөлмесінде отыр.	Ayscha sitzt im Zimmer ihres Mannes.
Сендердің ініңнің дүкенінен шықтық.	Wir sind aus dem Laden eures jüngeren Bruders gegangen.

11. Zusammengesetzte Substantive

Demgegenüber werden zusammengesetzte Substantive wie *Augenarzt* durch eine sogenannte unvollständige Genitiv-Possessiv-Konstruktion wiedergegeben, das heißt, das erste Substantiv bleibt ohne den Genitiv, das zweite jedoch erhält das Possessivsuffix der 3. Person:

көз дәрігері	Augenarzt

Көз дәрігеріне хат жаздым.	Ich habe dem Augenarzt einen Brief geschrieben.

Gehört ein solcher Begriff (zu) einer bestimmten Person, entfällt das Possessivsuffix des Grundbegriffs zugunsten der im konkreten Fall erforderlichen Possessivendung:

Көз дәрігеріме хат жаздым.	Ich habe meinem Augenarzt einen Brief geschrieben.

Geographische Bezeichnungen, Wochentage und Monatsnamen bilden mit einer näheren Bestimmung ebenfalls ein zusammengesetztes Substantiv. Auch Nationalitätsbezeichnungen wie **қазақ**, **орыс** und **неміс** sind reine Substantive und können daher mit einem weiteren Substantiv nur in Form eines zusammengesetzten Substantivs verbunden werden:

Астана қаласы	die Stadt Astana
Каспий теңізі	das Kaspische Meer
Байкал көлі	der Baikalsee
қазақ тілі	die kasachische Sprache
қазан айы	der Monat Oktober
дүйсенбі күні	der Montag

Daneben gibt es jedoch auch Begriffe, die dieser Regel nicht folgen:

қонақ үй	Gästehaus, Hotel
аяқ киім	Fußbekleidung
ат жарыс	Pferderennen

II. Das Adjektiv

1. Der Gebrauch des Adjektivs

Das Adjektiv kann, wenn es substantivisch gebraucht wird, dekliniert werden:

Жастар атқа мініп шабады, жарысады.	Die jungen Leute steigen aufs Pferd; sie galoppieren und wetteifern.
Қарттармен сәлемдескенде екі қолымызды береміз.	Wenn wir alte Menschen begrüßen, geben wir beide Hände.
Жамандармен дос болма, жақсылармен дос бол!	Freunde dich nicht mit schlechten Menschen an, freunde dich mit guten Menschen an!

Wird es als Attribut vor ein Substantiv gestellt, bleibt es undekliniert:

Бұл балалар жақсы оқушылар.	Diese Kinder sind gute Schüler.

Im Singular steht der unbestimmte Artikel **бір** *eins*, sofern er überhaupt verwendet wird, zwischen Adjektiv und Substantiv:

Айнұр жақсы (бір) оқушы.	Aynur ist eine gute Schülerin.

Demgegenüber wird **бір** an erster Stelle genannt, wenn es als Zahlwort verstanden werden soll. Dieses Prinzip gilt auch für alle übrigen Mengenangaben:

Сыныпта он бес жақсы оқушы бар.	In der Klasse gibt es fünfzehn gute Schüler.

Das Adjektiv dient auch als Prädikatsnomen sowie als Adverb:

Бұл алмалар жақсы.	Diese Äpfel sind gut.
Сіз қазақ тілін жақсы сөйлейсіз.	Sie sprechen gut Kasachisch.

2. Der Komparativ

Mit Hilfe des Suffixes **-(i)рек** wird ein Adjektiv in seiner Bedeutung einerseits gesteigert, andererseits aber auch etwas eingeschränkt:

аз	wenig	азырақ	weniger, ein wenig
көп	viel	көбірек	mehr
жақсы	gut	жақсырақ	besser
қызық	interessant	қызығырақ	interessanter
ерте	früh	ертерек	früher
кейін	nachher, danach	кейінірек	später
үлкен	groß	үлкенірек	größer
кіші	jünger, klein	кішірек	kleiner
тез	schnell	тезірек	schneller
баяу	langsam	баяуырақ	langsamer

Мен азырақ қазақша түсінемін.	Ich verstehe ein wenig Kasachisch.
Баяуырақ сөйлеңізші.	Sprechen Sie bitte langsamer.

Das vergleichende *als* wird durch den Ablativ des verglichenen Nomens ausgedrückt. Das Suffix **-(i)рек** ist dann entbehrlich:

Менің ұлым қызымнан үлкен.	Mein Sohn ist – von meiner Tochter aus betrachtet – groß = mein Sohn ist größer/älter als meine Tochter.
Менің апам менен үш жас үлкен.	Meine ältere Schwester ist drei Jahre älter als ich.

3. Der Superlativ

Zur Bildung des Superlativs stellt man vor das Adjektiv das Wort **ең** *höchst, am meisten*:

Ең жақын дәріхана қай жерде екен?	Wo ist wohl die nächstgelegene Apotheke?
Алманың ең жақсыларын таңдап ал!	Wähle (dir) die besten der Äpfel aus!

4. Intensivformen

Ein Adjektiv kann in seiner Bedeutung durch Ausdrücke wie **өте**, **аса**, **тым**, **әбден**, **керемет** *sehr, zu sehr, äußerst, vollkommen, wunderbar*, durch Verdoppelung oder eine Komparativ-Form verstärkt werden:

өте жақсы	sehr gut	өте қымбат	zu teuer
аса сүйкімді	sehr sympathisch	тым ерте	sehr früh, zu früh
әбден дұрыс	völlig richtig	керемет сұлу	wunderschön
биік-биік	sehr hoch	бәрінен жақсы	besser als alles

In verneinten Sätzen wird **онша** *so, derart* verwendet:

Бұл кілем онша қымбат емес.	Dieser Teppich ist nicht besonders teuer.

Daneben gibt es Intensivformen, die dadurch entstehen, dass man die ersten beiden Buchstaben, bei vokalisch anlautenden Adjektiven den Anfangsvokal, verdoppelt und ein **п** einschiebt; die Betonung fällt dabei auf die Vorsilbe:

қара	schwarz	қап-қара	tiefschwarz
ақ	weiß	ап-ақ	ganz weiß
қызыл	rot	қып-қызыл	knallrot
жасыл	grün	жап-жасыл	kräftig grün
сары	gelb	сап-сары	ganz gelb
үлкен	groß	үп-үлкен	riesengroß
кішкене	klein	кіп-кішкене	klitzeklein
ұзын	lang	ұп-ұзын	sehr lang
қысқа	kurz	қып-қысқа	ganz kurz
толық	voll	топ-толық	randvoll
ыстық	heiß	ып-ыстық	glühend heiß
суық	kalt	сұп-суық	bitterkalt
таза	sauber	тап-таза	blitzsauber

Die Intensivform von **көк** *grün, blau* lautet **көкпеңбек**.

III. Das Adverb

Als Lokaladverbien verwendet das Kasachische die Begriffe **бұл жерде, мына жерде, мұнда, осы жерде, осында** *hier, gleich hier,* **сол жерде, сонда, ана жерде, анда** *da, dort,* **ішкеріде** *drinnen,* **сыртта** *draußen,* **төменде** *unten,* **жоғарыда** *oben,* **оңда** *rechts,* **солда** *links,* **әлдеқайда** *irgendwo,* **әш қайда** *nirgends,* **әр жерде** *überall*:

| Осы жерде бос орын бар. | Hier gibt es einen freien Platz. |

Zur Bezeichnung des Ausgangspunktes bzw. des Ziels einer Bewegung erhalten sie anstelle des Lokativsuffixes das Ablativ- bzw. das Dativsuffix. Ausgenommen sind **мұнда, осында, сонда, анда, әлдеқайда, әш қайда**, da sie sowohl den Lokativ als auch den Dativ beinhalten:

| Автобус аялдамасы осы жерден алыс па? | Ist die Bushaltestelle weit von hier? |
| Ертең осы жерге кел! | Komm morgen hierher! |

Die wichtigsten Entsprechungen deutscher Temporaladverbien sind **алдыңғы күні** *vorgestern,* **кеше** *gestern,* **бүгін** *heute,* **ертең** *morgen,* **бүрсігүні** *übermorgen,* **енді** *jetzt, nun,* **қазір** *jetzt, gleich,* **тез арада** *bald,* **жақында** *kürzlich, in Kürze,* **жиі** *oft,* **кейде** *manchmal,* **анда-санда** *ab und zu,* **сирек** *selten,* **әрдайым, әрқашан** *immer,* **ешқашан** *niemals*:

| Енді не істейміз? | Was machen wir jetzt? |
| Мен қазір келемін. | Ich komme gleich. |

Als Modaladverbien dienen **бәлкім** *vielleicht,* **бекерге** *vergebens,* **өкінішке орай** *bedauerlicherweise, leider,* **зорға** *mit Mühe,* **шын пейілмен** *mit Vergnügen, gerne,* **солай** *so* sowie fast alle beschreibende Adjektive:

| Өкінішке орай, мен бүгін келе алмаймын. | Leider kann ich heute nicht kommen. |

IV. Pronomina

1. Demonstrativpronomina

Für in unmittelbarer Nähe befindliche Personen oder Dinge verwendet das Kasachische die Pronomina **бұл** *dieser* und **осы** *dieser hier*; zur Bezeichnung entfernter Personen oder Dinge sowie allgemeiner Sachverhalte dienen **ол** und **сол** *jener*. Stehen sie attributiv vor einem Substantiv, bleiben sie undekliniert:

Бұл сөзді түсінбеймін.	Ich verstehe dieses Wort nicht.
Мен осы көйлекті сатып алғым келеді.	Ich möchte gerne dieses Hemd hier kaufen.
Сол мақаланы оқыдыңдар ма?	Habt ihr den Artikel gelesen?

Zwei weitere Pronomina sind **мына(у)** *der hier* und **ана(у)** *der dort*, die aus einer Verbindung der Deutewörter **міне** *sieh hier* und **әне** *sieh da* mit **бұл** und **ол** entstanden sind; ihren Endkonsonanten **у** erhalten sie, wenn sie substantivisch gebraucht werden und im Nominativ stehen:

Мынау не?	Was ist das?
Мына орын бос па?	Ist dieser Platz frei?

Bei der Deklination verlieren **бұл**, **ол** und **сол** ihren Endkonsonanten. Die Pronomina **бұл**, **осы**, **ол** und **сол** erhalten – ausgenommen beim Dativ und gelegentlich auch beim Ablativ – ein **pronominales н**, dabei kann bei **бұл** der Anfangskonsonant **б** zu **м** werden:

бұл	осы	ол	сол	мынау	анау
бұның/мұның	осының	оның	соның	мынаның	ананың
бұған	осыған	оған	соған	мынаған	анаған
бұны/мұны	осыны	оны	соны	мынаны	ананы
бұнда/мұнда	осында	онда	сонда	мынада	анада
бұдан/мұнан	осыдан	одан/онан	содан/сонан	мынадан	анадан

Бұны түсінбеймін.	Ich verstehe dies nicht.
Мен осыны аламын.	Ich nehme das hier.
Мынаны неміс тіліне аударыңыз-шы!	Übersetzen Sie das hier bitte ins Deutsche!

2. Personalpronomina

Das Kasachische besitzt in den 2. Personen Singular und Plural eigene Personalpronomina für die familiäre und die formelle Anrede:

| мен | ich | сен | du | сіз | Sie (Sg.) | ол | er, sie |
| біз | wir | сендер | ihr | сіздер | Sie (Pl.) | олар | sie |

Da das Subjekt eines Satzes bei den 1. und 2. Personen in den Personalendungen bereits enthalten ist, sind die Personalpronomina im Nominativ an und für sich überflüssig. Dennoch werden sie in der Umgangssprache häufig zusätzlich an den Satzanfang gestellt:

| (Сен) қайдасың? | Wo bist du? |
| (Мен) үйдемін. | Ich bin zu Hause. |

Die Deklination ist weitgehend regelmäßig:

мен	сен	сіз	ол
менің	сенің	сіздің	оның
маған	**саған**	сізге	**оған**
мені	сені	сізді	оны
менде	сенде	сізде	онда
менен	сенен	сізден	одан/онан

біз	сендер	сіздер	олар
біздің	сендердің	сіздердің	олардың
бізге	сендерге	сіздерге	оларға
бізді	сендерді	сіздерді	оларды
бізде	сендерде	сіздерде	оларда
бізден	сендерден	сіздерден	олардан

Das formale Subjekt *es* verwendet das Kasachische nicht:

Бүгін күн суық.	Heute ist der Tag kalt = heute ist es kalt.
Жаңбыр жауып тұр.	Der Regen regnet = es regnet.

3. Possessivpronomina

Die Genitive der Personalpronomina können als Possessivpronomina verstanden werden. Da das Kasachische jedoch Possessivsuffixe besitzt, werden die Personalpronomina im Genitiv meist nur zusätzlich vorangestellt:

Анау (біздің) үйіміз.	Das dort ist unser Haus.

Allerdings gibt es häufig gebrauchte Wendungen, bei denen zugunsten des Possessivpronomens ganz auf das Possessivsuffix verzichtet wird:

Анау біздің үй.	Das dort ist unser Zuhause.

Um *gehören* zum Ausdruck zu bringen, erhält wie beim Substantiv (vgl. S. 104) die Kurzform des Genitivs auf **-ні** das Zugehörigkeitssuffix **-кі**:

Ана үй біздікі.	Das Haus dort ist unseres = das Haus dort gehört uns.

4. Das Reflexivpronomen

Das deutsche Reflexivpronomen *selbst* ist im Kasachischen ein Substantiv: **өз** *das Selbst*. Die Personenbezeichnungen werden durch die Possessivsuffixe ausgedrückt:

өзім	ich selbst	өзіміз	wir selbst
өзің	du selbst	өздерің	ihr selbst
өзіңіз	Sie selbst (Sg.)	өздеріңіз	Sie selbst (Pl.)
өзі	er/sie selbst	өздері	sie selbst

| Мен өзім қалаға бардым. | Ich bin selbst in die Stadt gefahren. |

In der 3. Person bildet das jeweilige Substantiv mit **өз** eine Genitiv-Possessiv-Konstruktion:

| Әкемнің өзі қалаға барды. | Mein Vater ist selbst in die Stadt gefahren. |

Die Deklination ist regelmäßig:

| Мен өзіме кітап алдым. | Ich habe mir ein Buch/Bücher gekauft. |
| Мен өзімді таныстырайын. | Ich möchte mich vorstellen. |

Häufig tritt **өз** auch an die Stelle des Personal- bzw. Possessivpronomens:

| Мен өзім сатушы болып істеймін. | Ich (selbst/persönlich) bin als Verkäufer tätig. |
| Келген қонақтар өзіміздің достарымыз. | Die Gäste, die gekommen sind, sind unsere Freunde. |

Attributiv und damit nicht mehr deklinierbar vor ein Substantiv mit Possessivsuffix gestellt, entspricht **өз** dem Deutschen *eigen*:

| Мен оны өз көзіммен көрдім. | Ich habe es mit meinen eigenen Augen gesehen. |
| Әр нәрсенің өз уақты бар. | Jedes Ding hat seine (eigene) Zeit. |

Stellt man **өз** attributiv vor das Substantiv **өз**, entsteht die Bedeutung *sich selbst*:

| Оқушы өз-өзін мақтады. | Der Schüler hat sein eigenes Selbst gelobt = der Schüler hat sich selbst gelobt. |

5. Das reziproke Pronomen

Das kasachische reziproke Pronomen lautet **бір-бір**. Die Personenbezeichnungen erhält es ebenfalls durch Anfügung der Possessivsuffixe:

Бұл балалар бір-біріне ұқсайды.	Diese Kinder ähneln einander.
Бір-бірімізге көмектесеміз.	Wir helfen uns gegenseitig.
Бір-бірімізді сүйеміз.	Wir lieben einander.
Біз бір-бірімізден көп нәрсе үйрене аламыз.	Wir können viel von einander lernen.

6. Indefinitpronomina

Anstelle des deutschen Indefinitpronomens *man* verwendet das Kasachische das Aktiv in der 3. Person:

Мынаны не дейді?	Wie nennt man das/was heißt das?
Мынаны нан дейді.	Das nennt man „nan" (= Brot).
Вокзалға қалай баруға болады?	Wie kommt man zum Bahnhof?

Im Übrigen kennt das Kasachische keine unterschiedlichen Begriffe für bejahte und verneinte Indefinitpronomina, da Bejahung wie Verneinung eines kasachischen Satzes innerhalb des Prädikats erfolgen. Zur Wiedergabe von *jemand* dienen **біреу** *einer* (vgl. S. 30) oder auch **әлде кім** *irgendwer*; zur Verneinung wird dem Fragewort **кім** *wer* das Wort **еш** *überhaupt* vorangestellt:

Мұнда біреу немісше сөйлей ме?	Spricht hier jemand Deutsch ?
Әлдекім есік қақты.	Es hat jemand an die Tür geklopft.
Мен ешкімді көрмей жатырмын.	Ich sehe niemanden.

Als bejahtes Indefinitpronomen *etwas* dienen **бірдеме/бірдеңе** oder **бір нәрсе** *eine Sache*; die Negation erfolgt auch hier durch **еш**:

Мұнда бірдеме жатыр.	Da liegt etwas.
Мен ештеме көрмей жатырмын.	Ich sehe nichts.
Бір нәрсе ішкіңіз келе ме?	Möchten Sie etwas trinken?
Рахмет, ешнерсе ішкім келмейді.	Danke, ich möchte nichts trinken.

7. Interrogativpronomina

Die wichtigsten Interrogativpronomina sind **кім** *wer*, **не** *was* und **қай(сы)** *welcher*.

Кім wird regelmäßig dekliniert: **кімдер** *wer alles*, **кімнің** *wessen*, **кімге** *wem*, **кімді** *wen*, **кімде** *bei wem*, **кімнен** *von wem*, **кіммен** *mit wem*.

Auf **не** basieren **нелер** *was alles*, **ненің** *welcher Sache*, **неге** *wozu, wonach*, **нені** *was*, **неде** *worin*, **неден** *woraus, wodurch, weshalb*, **немен** *womit*, **неше** *wie viele*, **(сағат) нешеде** *um wie viel Uhr*, **нешеу** *zu wievielt, wie viele (davon)*, **нешінші** *der wievielte*, **неліктен** *weshalb, warum*, **не үшін** *wofür, warum*.

Bei den Begriffen, die auf der Basis von **қа(й)-** entstanden sind, liegt die Betonung auf der ersten Silbe: **қай жерге, қайда** *wohin*, **қай жерде, қайда** *wo*, **қай жерден, қайдан** *woher*, **қалай** *wie*, **қандай** *wie, von welcher Art*, **қашан** *wann*, **қанша** *wie viel*, **(сағат) қаншада** *um wie viel Uhr*.

Die Wortfolge ist im Kasachischen bei Fragesätzen und Aussagesätzen die gleiche. Danach steht das Fragepronomen nicht wie im Deutschen grundsätzlich am Satzanfang; es erhält jedoch die **Betonung** innerhalb eines Satzes:

| Атым Азамат. | Ich heiße Azamat. |
| Атыңыз кім? | Wie heißen Sie? |

| Бізге нан керек. | Wir brauchen Brot. |
| Сендерге не керек? | Was braucht ihr? |

| Бұл кітап әкәмдікі. | Dieses Buch gehört meinem Vater. |
| Бұл кітап кімдікі? | Wem gehört dieses Buch? |

| Бұл автобус Астанаға жүреді. | Dieser Bus fährt nach Astana. |
| Бұл автобус қайда жүреді? | Wohin fährt dieser Bus? |

| Қонағымыз ертең келеді. | Unser Gast wird morgen kommen. |
| Қонағымыз қашан келеді? | Wann wird unser Gast kommen? |

8. Die Fragepartikel ме

Für Fragen, die mit *ja* oder *nein* beantwortet werden, verwendet das Kasachische eine Partikel **ме,** mit deren Hilfe jeder Aussagesatz zu einem Fragesatz wird:

Балалар үйде ме?	Sind die Kinder zu Hause?
Қонағыңыз француз ба?	Ist Ihr Gast Franzose?
Асан студент пе?	Ist Hasan Student?

Innerhalb einer Verbform hat sie meist einen festen Platz; sie kann jedoch auch, wenn es die Bedeutung erfordert, direkt an das Wort angefügt werden, auf dem das Gewicht der Frage liegt. In jedem Fall zieht sie die **Betonung** auf die ihr unmittelbar vorausgehende Silbe:

| Ауылға бардыңдар ма? | Seid ihr ins Dorf gefahren? |
| Ауылға ма бардыңдар? | Ins Dorf seid ihr gefahren? |

Durch mehrfachen Einsatz werden Alternativfragen zum Ausdruck gebracht; die Konjunktion *oder* ist in diesem Zusammenhang entbehrlich:

Күтейік пе, кетейік пе?	Sollen wir warten oder sollen wir gehen?
Мен қалай бұрыламын, оңға ма, солға ма?	Wie biege ich ab, nach rechts oder nach links?
Не қалайсыз, шай ма (әлде) кофе ме?	Was wünschen Sie, Tee oder Kaffee?

V. Die Zahlen

1. Die Kardinalzahlen

Die kasachischen Zahlwörter lauten:

1	бір	10	он	100	(бір) жүз	1.000	(бір) мың
2	екі	20	жиырма	200	екі жүз	2.000	екі мың
3	үш	30	отыз	300	үш жүз	3.000	үш мың
4	төрт	40	қырық	400	төрт жүз	4.000	төрт мың
5	бес	50	елу	500	бес жүз	5.000	бес мың
6	алты	60	алпыс	600	алты жүз	6.000	алты мың
7	жеті	70	жетпіс	700	жеті жүз	7.000	жеті мың
8	сегіз	80	сексен	800	сегіз жүз	8.000	сегіз мың
9	тоғыз	90	тоқсан	900	тоғыз жүз	9.000	тоғыз мың

Zusammengesetzte Zahlen werden durch Hintereinanderstellung von Tausender-, Hunderter-, Zehner- und Einerzahlen gebildet:

21	жиырма бір
321	үш жүз жиырма бір
4.321	төрт мың үш жүз жиырма бір
54.321	елу төрт мың үш жүз жиырма бір

Die Zahlen werden einerseits attributiv vor ein Substantiv gestellt, andererseits können sie, insbesondere wenn sie Teil einer Genitiv-Possessiv-Verbindung sind, selbst als Substantive auftreten:

Бұл сыныпта жиырма төрт оқушы бар, он бесі ер бала, тоғызы қыз бала.	In dieser Klasse befinden sich 24 Schüler, fünfzehn (von ihnen) sind Jungen, neun sind Mädchen.
Астана Қазақстандағы ең әдемі қалалардың бірі.	Astana ist eine der schönsten Städte in Kasachstan.

Zusätzlich besitzt das Kasachische ein eigenes Kollektivsuffix **-ey** für die Zahlen von *eins* bis *sieben*, um eine Anzahl von Personen zu bezeichnen; die Ziffern **алты** *sechs* und **жеті** *sieben* verlieren dabei ihren Endvokal:

Біз алтау едік.	Wir waren zu sechst.
Ахмет мен екеуіміз вокзалға бардық.	Ahmet (und) ich sind beide zum Bahnhof gegangen.

Um eine ungefähre Menge zu bezeichnen, erhalten die Zahlwörter das Suffix **-леген**:

Тойға жүздеген қонақ келді.	Zur Hochzeit sind ungefähr hundert Gäste gekommen.

2. Die Uhrzeit

Das Wort **сағат** bedeutet sowohl *Uhr* als auch *Stunde*:

Мен екі сағат жұмыс істедім.	Ich habe zwei Stunden gearbeitet.

Zur Angabe der Uhrzeit wird das Zahlwort prädikativ gebraucht, d.h. hinter **сағат** gestellt:

	Сағат неше/қанша (болды)?	Wie viel Uhr ist es (geworden)?
2:00	Сағат екі (болды).	Es ist zwei Uhr (geworden).
2:05	Сағат екіден бес минут кетті/өтті.	An zwei Uhr sind fünf Minuten vorbeigegangen.
2:15	Сағат екіден он бес минут кетті/өтті.	An zwei Uhr sind fünfzehn Minuten vorbeigegangen.
2:30	Сағат екі жарым.	Es ist zwei ein halb Uhr.
2:45	Сағат үшке он бес минут қалды.	Bis drei Uhr sind fünfzehn Minuten geblieben.
2:55	Сағат үшке бес минут қалды.	Bis drei Uhr sind fünf Minuten geblieben.
3:00	Сағат үш.	Es ist drei Uhr.

Weitere Zeitangaben sind:

12:00	Түс болды.	Es ist Mittag geworden.
24:00	Түн ортасы болды.	Es ist Mitternacht geworden.
12:30	Түскі сағат он екі жарым.	Es ist mittags halb eins.
0:30	Түнгі сағат он екі жарым.	Es ist nachts halb eins.

Im Zusammenhang mit der Uhrzeit übernimmt das Lokativsuffix die Funktion der deutschen Präposition *um*:

Сағат нешеде кездесеміз?		Um wie viel Uhr treffen wir uns?
2:00	Сағат екіде.	Um zwei Uhr.
2:05	Сағат екіден бес минут кеткенде/өткенде.	Wenn an zwei Uhr fünf Minuten vorbeigegangen sind.
2:15	Сағат екіден он бес минут кеткенде/өткенде.	Wenn an zwei Uhr fünfzehn Minuten vorbeigegangen sind.
2:30	Сағат екі жарымда.	Um zwei ein halb Uhr.
2:45	Сағат үшке он бес минут қалғанда.	Wenn bis drei Uhr fünfzehn Minuten geblieben sind.
2:55	Сағат үшке бес минут қалғанда.	Wenn bis drei Uhr fünf Minuten geblieben sind.
3:00	Сағат үште.	Um drei Uhr.

Wie der Lokativ können auch der Ablativ und der Dativ zeitliche Bedeutung haben:

Біз таңертеңгі сағат тоғыздан кешкі алтыға дейін жұмыс істедік.	Wir haben von morgens 9 Uhr bis abends 6 Uhr gearbeitet.

3. Alter

Die Frage nach dem Alter kann auf zweierlei Art erfolgen:

Сіздің жасыңыз нешеде?	Wie alt sind Sie?
Менің жасым жиырмада.	Ich bin zwanzig Jahre alt.

Неше жастасыз?	Wie alt sind Sie?
Жиырмадамын.	Ich bin zwanzig Jahre alt.

4. Ordinalzahlen

Zur Bildung von Ordinalzahlen tritt an die Zahlwörter das Suffix **-(і)нші**:

бірінші	der/die erste	адтыншы	der/die sechste
екінші	der/die zweite	жетінші	der/die siebte
үшінші	der/die dritte	сегізінші	der/die achte
төртінші	der/die vierte	тоғызыншы	der/die neunte
бесінші	der/die fünfte	оныншы	der/die zehnte

Ұлыңыз нешінші сыныпта оқиды?	In der wievielten Klasse studiert/ist Ihr Sohn?
Бесінші сыныпта оқиды.	Er studiert/ist in der fünften Klasse.

5. Das Datum

Die Datumsangaben lauten wie folgt:

Бүгін қай күн/ бүгін аптаның қай күні?	Welcher Tag ist heute/ welcher Tag der Woche ist heute?
Бүгін дүйсенбі (күні).	Heute ist Montag.

Zur Wiedergabe des Monatsdatums wird entweder die Ordinalzahl verwendet oder die einfache Kardinalzahl mit dem Monatsnamen zu einer Genitiv-Possessiv-Konstruktion verbunden:

Сабақ оныншы қазаннан басталады.	Der Unterricht beginnt am 10. Oktober.
Бүгін айдың нешесі?	Der Wievielte des Monats ist heute?
Бүгін қазанның оны.	Heute ist der zehnte Oktober.

Bei Jahresangaben werden die Zahlen als Ordinalzahlen wiedergegeben. Die Zahlen von *eins* bis *zehn* werden ausgeschrieben; bei der Schreibung der übrigen Zahlen wird hinter die Zahl jeweils ein Bindestrich gesetzt:

Қай жылы тудыңыз?	In welchem Jahr sind Sie geboren?
Мен 1977-жылы (бір мың тоғыз жүз жетпіс жетінші жылы) тудым.	Ich bin im Jahre 1977 geboren.

6. Bruchzahlen

Bruchzahlen werden im Kasachischen gebildet, indem man zuerst den Nenner angibt, ihn in den Ablativ setzt, und anschließend den Zähler nennt:

| 2/3 | үштен екі | zwei von drei = zwei Drittel |

| Ақшаның үштен екісін алдым. | Ich habe zwei Drittel des Geldes genommen. |

Das gleiche Prinzip gilt auch für Dezimalangaben:

| 1,5 | бір бүтін оннан бес | ein Ganzes, fünf Zehntel |
| 1,15 | бір бүтін жүзден он бес | ein Ganzes, fünfzehn Hundertstel |

Für Prozentangaben verwendet das Kasachische das Substantiv **процент**:

| Тапсырмамызды елу проценткe орындадық. | Wir haben unsere Aufgabe zu 50% erfüllt. |

7. Distributivzahlen

Die Bildung von sogenannten Distributivzahlen erfolgt ebenfalls durch Anfügung des Ablativs:

| Мен әр бір оқушыға екіден дәптер/екі дәптерден бердім. | Ich habe jedem Schüler zwei Hefte gegeben. |
| Дәріні күн сайын бес тамшыдан үш рет қабылданыз. | Nehmen Sie das Medikament jeden Tag ein, (und zwar) dreimal fünf Tropfen. |

VI. Postpositionen

1. Postpositionen mit dem Nominativ

Die sogenannten Verhältniswörter werden im Kasachischen hinter das Nomen gestellt. Was in anderen Sprachen als **Prä**positionen bezeichnet wird, sind hier demnach **Post**positionen. Bei folgenden Postpositionen bleibt das Substantiv in seiner Grundform:

мен *mit*:
Die Postposition **менен** ist im Kasachischen zu **мен** verkürzt und wird, ohne sich vokalharmonisch anzupassen, an das vorausgehende Wort angefügt. In zahlreichen Grammatiken werden die Formen mit **-мен** als Instrumental, d.h als eigener Kasus, bezeichnet:

Біз машинамен/пойызбен/ ұшақпен келдік.	Wir sind mit dem Auto/Zug/Flugzeug gekommen.

Die Pronomina **мен** *ich*, **сен** *du*, **ол** *er/sie* sowie **бұл** *dieser/diese* und **сол** *jener/jene* stehen vor **мен** im verkürzten Genitiv auf **-ні**:

Сенімен бірге барайын ба?	Soll ich mit dir mitgehen?

Unverbunden zwischen zwei Begriffe gestellt, drückt **мен** eine stärkere Gemeinsamkeit als **және** *und* aus:

Біз базардан қауын мен жүзім әкелдік.	Wir haben vom Markt Zuckermelonen und Trauben mitgebracht.

Daneben erfüllt **мен** noch folgende weitere Funktionen:

Жаңа жылыңызбен құттықтаймыз.	Wir gratulieren Ihnen **zum** neuen Jahr.
Қай жолмен келдіңдер?	**Auf** welchem Weg seid ihr gekommen?

Postpositionen

арқылы *mittels, per, durch*:

Кітаптарды пошта арқылы жібердім.	Ich habe die Bücher per Post geschickt.
Алматы арқылы келдік.	Wir sind (auf dem Weg) über Almaty gekommen.

бойынша *nach, aufgrund, entsprechend, zufolge*:

Менің сағатым бойынша сағат бір болды.	Nach meiner Uhr ist es ein Uhr.
Мен мұнда шақыру бойынша келдім.	Ich bin aufgrund einer Einladung hierher gekommen.
Дәріні рецепт бойынша кабылдаңыз!	Nehmen Sie das Medikament entsprechend dem Rezept ein!

сайын *(zählend) jeder, jede*:

Мұражай күн сайын сағат 11-ден 19-ға дейін ашық.	Das Museum ist täglich von 11:00 bis 19:00 Uhr geöffnet.
Бұл газет апта сайын шығады.	Diese Zeitung erscheint wöchentlich.

сияқты *wie*:

Мен достарым сияқты Алматыда оқуға бармақпын.	Ich beabsichtige, wie meine Freunde zum Studium nach Almaty zu gehen.

туралы/жөнінде *betreffend, über*:

Сізде Абай Құнанбайұлы туралы кітап бар ма?	Gibt es bei Ihnen Bücher über Abay Kunanbajuly?

үшін *für, wegen*:

Меймандостығыңыз үшін көп көп рахмет.	Vielen, vielen Dank für Ihre Gastfreundschaft.
Астанаға сендер үшін келдім.	Ich bin euretwegen nach Astana gekommen.

2. Postpositionen mit dem Genitiv

Als Entsprechung deutscher Präpositionen mit lokaler Bedeutung wie *vor, hinter, neben* etc. verwendet das Kasachische Substantive. Da sie mit einem vorausgehenden Substantiv eine Genitiv-Possessiv-Verbindung eingehen, können sie als Postpositionen mit dem Genitiv bezeichnet werden:

алд	Vorderseite; vor	apa	Zwischenraum; zwischen
арт	Rückseite; hinter	үст	Oberseite; oberhalb, auf
жан	Seite; neben, bei	аст	Unterseite; unter
қарсы	Gegenüber; gegenüber	іш	Inneres; innerhalb, in
орта	Mitte; inmitten	сырт	Äußeres; außerhalb

Айша алдымызда тұр.	Ayscha steht vor uns.
Айша үйдің алдында тұр.	Ayscha steht vor dem Haus.
Айша үйіміздің алдында тұр.	Ayscha steht vor unserem Haus.
Айша үйіміздің алдына отырды.	Ayscha hat sich vor unser Haus gesetzt.
Айша үйіміздің алдынан өтті.	Ayscha ist vor unserem Haus vorübergegangen.

Айша арамызда тұр.	Ayscha steht zwischen uns.
Айша басқа балалардың арасында тұр.	Ayscha steht zwischen den anderen Kindern.
Айша үйлеріміздің арасынан өтті.	Ayscha ist zwischen unseren Häusern hindurchgegangen.

Gehen zwei Substantive voraus, wird das sie verbindende *und* durch **мен** ausgedrückt, und nur das zweite Substantiv erhält das Genitivsuffix:

Айша мектеп пен үйіміздің арасынан өтті.	Ayscha ist zwischen der Schule und unserem Haus hindurchgegangen.

3. Postpositionen mit dem Dativ

Folgende Postpositionen regieren den Dativ:

дейін, шейін (räumlich und zeitlich) *bis*:

Мына автобус Шымкентке дейін бара ма?	Fährt dieser Bus bis nach Schimkent?
Астанадан Адматыға дейін неше километр?	Wie viele Kilometer sind es von Astana bis Almaty?
Біз сағат тоғыздан беске дейін жұмыс істедік.	Wir haben von neun bis fünf Uhr gearbeitet.

қарап, қарай, таман *mit Blick auf, in Richtung,* (zeitlich) *gegen*:

Қонақтар Түркістанға қарай аттанды.	Die Gäste sind in Richtung Türkistan aufgebrochen.
Кешке таман келемін.	Ich werde gegen Abend kommen.

қарағанда *mit Blick auf, im Vergleich zu*:

Асанға қарағанда Азамат жақсы оқушы.	Verglichen mit Hasan ist Azamat ein guter Schüler.

қарамай, қарамастан *ungeachtet, trotz*:

Жаңбырға қарамай қалаға бардық.	Wir sind trotz des Regens in die Stadt gefahren.

қарсы *entgegen, gegen*:

Тұмауға қарсы дәріңіз бар ма?	Haben Sie ein Medikament gegen Erkältung/Schnupfen?

4. Postpositionen mit dem Ablativ

Den Ablativ regieren folgende Postpositionen:

басқа *ein anderer (als), abgesehen von, außer*:

| Тойға бізден басқа жүзден астам конақтар келді. | Außer uns sind mehr als hundert Gäste zur Hochzeit gekommen. |

бастап *angefangen von, von ... an*:

| Ертеңнен бастап Астанада боламын. | Ich werde ab morgen in Astana sein. |

бері *seit*:

| Біз әкеңді үш күннен бері көрмедік. | Wir haben deinen Vater seit drei Tagen nicht gesehen. |

бұрын *vorher, davor, früher (als), vor*:

| Наурыз мейрамынан бұрын келдім. | Ich bin vor dem Neujahrsfest gekommen. |

кейін, соң *nachher, danach, später (als), nach*:

| Наурыз мейрамынан кейін жүремін. | Ich werde nach dem Neujahrsfest abreisen. |

Bei **кейін** und **соң** erhalten auch Zeitangaben das Ablativsuffix, bei **бұрын** hingegen nicht:

| Екі күн бұрын келдім. | Ich bin vor zwei Tagen gekommen. |
| Екі күннен кейін жүремін. | Ich reise in zwei Tagen ab. |

VII. Das Hilfsverb *sein* sowie **бар** und **жоқ**

1. Das Präsens

Für die 1. und 2. Personen des Präsens des Hilfsverbs *sein* verwendet das Kasachische Suffixe, die aus nachgestellten Personalpronomina entstanden sind und unbetont bleiben. Die Verneinung erfolgt durch das selbständige Wort **емес** *nicht*; die gelegentlich verwendete Form **тұр** ist ein Relikt des Verbs **тұр-** *stehen, leben* und dient in diesem Kontext der Bekräftigung:

Қалайсыз?	Wie geht es Ihnen?
Жақсы, рахмет.	Danke, gut.
Үйдесің бе?	Bist du zu Hause?
Жоқ, мен үйде емеспін, мен қаладамын.	Nein, ich bin nicht zu Hause, ich bin in der Stadt.
Тамақ дайын тұр.	Das Essen ist gerichtet/steht bereit.

Prädikatsnomen	Negation	präsentische Personalendungen		Fragepartikel
дәрігер	емес	-мін	ich bin	ме
еңбекшіл		-сің	du bist	
үйде		-сіз	Sie sind (Sg.)	
		---	er/sie ist	
		-міз	wir sind	
		-сіңдер	ihr seid	
		-сіздер	Sie sind (Pl.)	
		---	sie sind	

дәрігермін	ich bin Arzt
дәрігерсің	du bist Arzt
дәрігерсіз	Sie sind Arzt
ол дәрігер	er/sie ist Arzt/Ärztin
дәрігерміз	wir sind Ärzte
дәрігерсіңдер	ihr seid Ärzte
дәрігерсіздер	Sie sind Ärzte
олар дәрігер	sie sind Ärzte

дәрігер емеспін	ich bin kein Arzt
дәрігер емессің	du bist kein Arzt
дәрігер емессіз	Sie sind kein Arzt
ол дәрігер емес	er/sie ist kein(e) Arzt/Ärztin
дәрігер емеспіз	wir sind keine Ärzte
дәрігер емессіңдер	ihr seid keine Ärzte
дәрігер емессіздер	Sie sind keine Ärzte
олар дәрігер емес	sie sind keine Ärzte

дәрігерсің бе?	bist du Arzt?
дәрігерсіз бе?	sind Sie Arzt?
ол дәрігер ме?	ist er/sie Arzt/Ärztin?
дәрігерсіңдер ме?	seid ihr Ärzte?
дәрігерсіздер ме?	sind Sie Ärzte?
олар дәрігер ме?	sind sie Ärzte?

дәрігер емессің бе?	bist du nicht Arzt?
дәрігер емессіз бе?	sind Sie nicht Arzt?
ол дәрігер емес пе?	ist er/sie nicht Arzt/Ärztin?
дәрігер емессіңдер ме?	seid ihr nicht Ärzte?
дәрігер емессіздер ме?	sind Sie nicht Ärzte?
олар дәрігер емес пе?	sind sie nicht Ärzte?

2. Das Verb **бол-**

Zwar besitzt das Kasachische ein Hilfsverb *sein* auf der Basis eines als defekt bezeichneten Verbstamms **e-**. Dieser Verbstamm tritt jedoch nur in einigen wenigen eigenen Formen (**емес, еді, екен**) auf. Für die meisten Bildungen verwendet es daher das Verb **бол-**, das neben *werden, geschehen, stattfinden, sich ereignen* auch die Bedeutungen *sein, in Ordnung sein, möglich sein* und *vorhanden sein* erhält:

Мен бүгін жұмыста боламын.	Ich werde heute bei der Arbeit sein.
Ертең той болады.	Morgen findet eine Hochzeit statt.
Есек болма, адам бол!	Sei kein Esel, sei ein Mensch!
Күн жылы болса, тауға барайық.	Wenn das Wetter warm ist, lasst uns in die Berge gehen.

3. Das Präteritum

Zur Bildung des Präteritums werden die perfektischen Personalendungen (vgl. S. 58) direkt an den defekten Verbstamm **e-** angefügt:

Ол кім еді?	Wer war das?
Ол Айша еді.	Das war Ayscha.
Сендер бізге келген кезде мен Алматыда едім.	Als ihr zu uns gekommen seid, war ich gerade in Almaty.

Prädikatsnomen	Negation	Perfektformen	Fragepartikel
дәрігер	емес	едім	ме
еңбекшіл		едің	
үйде		едіңіз	
		еді	
		едік	
		едіңдер	
		едіңіздер	
		еді	

дәрігер едім	ich war Arzt
дәрігер едің	du warst Arzt
дәрігер едіңіз	Sie waren Arzt
ол дәрігер еді	er/sie war Arzt/Ärztin
дәрігер едік	wir waren Ärzte
дәрігер едіңдер	ihr wart Ärzte
дәрігер едіңіздер	Sie waren Ärzte
олар дәрігер еді	sie waren Ärzte

дәрігер емес едім	ich war kein Arzt
дәрігер емес едің	du warst kein Arzt
дәрігер емес едіңіз	Sie waren kein Arzt
ол дәрігер емес еді	er/sie war kein(e) Arzt/Ärztin
дәрігер емес едік	wir waren keine Ärzte
дәрігер емес едіңдер	ihr wart keine Ärzte
дәрігер емес едіңіздер	Sie waren keine Ärzte
олар дәрігер емес еді	sie waren keine Ärzte

дәрігер едің бе?	warst du Arzt?
дәрігер едіңіз бе?	waren Sie Arzt?
ол дәрігер еді ме?	war er/sie Arzt/Ärztin?
дәрігер едіңдер ме?	wart ihr Ärzte?
дәрігер едіңіздер ме?	waren Sie Ärzte?
олар дәрігер еді ме?	waren sie Ärzte?

дәрігер емес едің бе?	warst du nicht Arzt?
дәрігер емес едіңіз бе?	waren Sie nicht Arzt?
ол дәрігер емес еді ме?	war er/sie nicht Arzt/Ärztin?
дәрігер емес едіңдер ме?	wart ihr nicht Ärzte?
дәрігер емес едіңіздер ме?	waren Sie nicht Ärzte?
олар дәрігер емес еді ме?	waren sie nicht Ärzte?

Hat sich die Handlung über einen längeren Zeitraum erstreckt, tritt das Perfekt des Verbs **бол-** an die Stelle des Hilfsverbs:

| Біз кеше Алматыда болдық. | Wir waren gestern in Almaty. |

4. Die Form **екен**

Die Form **екен** ist das Partizip Perfekt des Hilfsverbs *sein* (vgl. S. 80). In seinem prädikativen Gebrauch ist dieses Partizip mit der gleichlautenden Dubitativpartikel **екен** verschmolzen und kann nun sowohl die Bedeutung eines Perfekt, eines Präsens wie auch eines Futur haben. Durch sie macht der Sprecher eine gewisse Unsicherheit in der Beurteilung des von ihm geschilderten Sachverhalts deutlich:

Мейманхана қайда екен?	Wo mag das Hotel wohl sein?
Бұл кілем өте қымбат екен.	Dieser Teppich erscheint mir sehr/zu teuer.
Сіз қазақ емес екенсіз.	Sie sind wohl kein Kasache.
Сен кеше үйде жоқ екенсің.	Du warst wohl gestern nicht zu Hause.
Мен сізден жас екенмін.	Wie es scheint, bin ich jünger als Sie.

Das Hilfsverb *sein* sowie бар und жоқ

Prädikatsnomen	Negation	Fragepartikel		Präsentische Personalendungen
дәрігер	емес	ме	екен	-мін
еңбекшіл				-сің
үйде				-сіз

				-міз
				-сіңдер
				-сіздер

дәрігер екенмін	ich bin wohl Arzt
дәрігер екенсің	du bist wohl Arzt
дәрігер екенсіз	Sie sind wohl Arzt
ол дәрігер екен	er/sie ist wohl Arzt/Ärztin
дәрігер екенміз	wir sind wohl Ärzte
дәрігер екенсіңдер	ihr seid wohl Ärzte
дәрігер екенсіздер	Sie sind wohl Ärzte
олар дәрігер екен	sie sind wohl Ärzte

дәрігер емес екенмін	ich bin wohl kein Arzt
дәрігер емес екенсің	du bist wohl kein Arzt
дәрігер емес екенсіз	Sie sind wohl kein Arzt
ол дәрігер емес екен	er/sie ist wohl kein(e) Arzt/Ärztin
дәрігер емес екенміз	wir sind wohl keine Ärzte
дәрігер емес екенсіңдер	ihr seid wohl keine Ärzte
дәрігер емес екенсіздер	Sie sind wohl keine Ärzte
олар дәрігер емес екен	sie sind wohl keine Ärzte

Die Wörter **бар** *vorhanden* und **жоқ** *nicht vorhanden* treten vor allem im Präsens und im Zusammenhang mit **екен** auf, während sie in den meisten anderen Zeiten durch Formen von **бол-** ersetzt werden:

Үйде шай бар.	Zu Hause gibt es Tee.
Бүгін түскі тамаққа не бар екен?	Was gibt es heute wohl zu Mittag?
Сыныпта он бес оқушы болды.	Im Klassenzimmer befanden sich fünfzehn Schüler.

VIII. Zeiten und Modi des Vollverbs

1. Allgemeines

Der Infinitiv des kasachischen Vollverbs setzt sich zusammen aus dem Verbstamm und einer nomenbildenden Endung **-y** (vgl. S. 74). Da diese Endung bei einigen Verben eine Veränderung des Stammvokals bzw. des auslautenden Konsonanten bewirkt, wird im Folgenden lediglich der Verbstamm als Grundform eines Verbs angegeben, der zugleich Imperativ der 2. Person Singular ist:

Verbstamm	-е, -і, -ө, -ү		-а, -ы, -о, -ұ	
auf Vokal	істе- *machen, tun*	төле- *bezahlen*	қара- *schauen*	оқы- *lesen*
auf stimmhafte Konsonanten	бер- *geben*	түсін- *verstehen*	жаз- *schreiben*	бол- *werden, sein*
auf stimmlose Konsonanten	іш- *trinken*	күт- *warten*	ақ- *fließen*	ұш- *fliegen*

Die Verneinung im Zusammenhang mit dem Vollverb wird durch ein Suffix **-ме** gebildet, das sich direkt an den Verbstamm anschließt:

Verbstamm	-е, -і, -ө, -ү		-а, -ы, -о, -ұ	
auf Vokal	істеме-	төлеме-	қарама-	оқыма-
auf stimmhafte Konsonanten	берме-	түсінбе-	жазба-	болма-
auf stimmlose Konsonanten	ішпе-	күтпе-	ақпа-	ұшпа-

Zur Bildung der einzelnen finiten Formen schließt sich derjenige Bestandteil an, der einen bestimmten zeitlichen oder modalen Aspekt beinhaltet; er wird im Folgenden als Themasuffix bezeichnet. Ein Großteil der auf diese Art entstandenen Formen sind Partizipien (vgl. S. 81 ff.), die an dieser Stelle als Prädikatsnomina dienen und zur Bezeichnung der einzelnen Personen die präsentischen Personalendungen erhalten:

...мін	ich bin einer, der ...	
беретін	... regelmäßig gibt	= ich pflege/pflegte zu geben
берер	... vielleicht geben wird	= ich werde vielleicht geben
бермек(ші)	... vorhat, zu geben	= ich habe vor, zu geben
беріп жатыр	... gibt	= ich gebe
беруде	... am Geben ist	= ich gebe gerade
берген	... gegeben hat	= ich habe gegeben

Bei ihnen kann die Negation – ausgenommen beim Partizip auf **-(е)р** – durch **-ме** oder auch **емес** erfolgen:

Біз кітапханаға бармайтынмыз.	Wir gehen nicht regelmäßig in die Bibliothek.
Біз кітапханаға баратын еместіз.	Wir gehören nicht zu denen, die regelmäßig in die Bibliothek gehen.

Мен үйленбегенмін.	Ich bin **un**verheiratet.
Мен үйленген еместін.	Ich bin **nicht** verheiratet.

Ursprünglich waren auch die Formen des Präsens-Futur auf **-е/-й** und des unbestimmten Perfekts auf **-(і)п** Partizipien, die auf Verbalkompositionen dieser beiden Konverbien (vgl. S. 86 und 88) mit der Form **түр** des Verbs **түр-** *stehen, leben* zurückgehen. Einziger Hinweis darauf ist die noch erhaltene Endung **-ді** bzw. **-ті** für die 3. Person:

береді	er/sie gibt
беріпті	er/sie hat wohl gegeben

2. Präsens- und Futurformen

a) Das Präsens-Futur auf **-е/-й**

Durch diese Form wird eine Tätigkeit ausgedrückt, die man gewohnheitsmäßig ausübt, grundsätzlich auszuüben bereit ist oder in der Zukunft ausüben wird. Durch die Frageform kann darüber hinaus eine Bitte zum Ausdruck gebracht werden:

Күнде базарға барамыз.	Wir gehen jeden Tag auf den Markt.
Ертең базарға барамыз.	Wir werden morgen auf den Markt gehen.
Біз қазір келеміз.	Wir kommen gleich.
Мен спортпен шұғылданамын.	Ich beschäftige mich mit Sport.
Күзде жаңбыр жиі жауады.	Im Herbst regnet es oft.
Терезені ашасың ба?	Würdest du das Fenster öffnen?

Verbstamm	Negation	Themasuffix	Präsentische Personalendungen	Fragepartikel
бер-	-ме	nach Kons. -е	-мін	ме
істе-		nach Vokal -й	-сің	
			-сіз	
			-ді	
			-міз	
			-сіңдер	
			-сіздер	
			-ді	

-е, -і, -ө, -ү		-а, -ы, -о, -ұ	
істейді	төлейді	қарайды	оқиды (оқыйды)
істемейді	төлемейді	қарамайды	оқымайды
береді	түсінеді	жазады	болады
бермейді	түсінбейді	жазбайды	болмайды
ішеді	күтеді	ағады	ұшады
ішпейді	күтпейді	ақпайды	ұшпайды

беремін	ich gebe
бересің	du gibst
бересіз	Sie geben
ол береді	er/sie gibt
береміз	wir geben
бересіңдер	ihr gebt
бересіздер	Sie geben
олар береді	sie geben

бермеймін	ich gebe nicht
бермейсің	du gibst nicht
бермейсіз	Sie geben nicht
ол бермейді	er/sie gibt nicht
бермейміз	wir geben nicht
бермейсіңдер	ihr gebt nicht
бермейсіздер	Sie geben nicht
олар бермейді	sie geben nicht

Die Frageform hat in der 3. Person keine Personalendung:

бересің бе?	gibst du?
бересіз бе?	geben Sie?
ол бере ме?	gibt er/sie?
бересіңдер ме?	gebt ihr?
бересіздер ме?	geben Sie?
олар бере ме?	geben sie?

бермейсің бе?	gibst du nicht?
бермейсіз бе?	geben Sie nicht?
ол бермей ме?	gibt er/sie nicht?
бермейсіңдер ме?	gebt ihr nicht?
бермейсіздер ме?	geben Sie nicht?
олар бермей ме?	geben sie nicht?

b) Die Form auf -етін/-йтін

In seiner Verwendung als Prädikatsnomen drückt dieses Partizip (vgl. S. 84) eine über einen längeren Zeitraum ausgeübte Tätigkeit aus. Aus dem zeitlichen Kontext ist zu erkennen, ob diese Gewohnheit noch besteht oder ob sie bereits aufgegeben wurde:

Біз жазда жайлауға баратынбыз; онда дем алатынбыз.	Wir fahren im Sommer regelmäßig auf die Sommerweide; dort erholen wir uns.
Біз бұрын жазда жайлауға баратынбыз; онда дем алатынбыз.	Wir sind früher im Sommer regemäßig auf die Sommerweide gefahren; dort haben wir uns immer erholt.

	Partizip	Negation	Präsentische Personalendungen	Fragepartikel
бер-	nach Kons. -етін	емес	-мін	ме
істе-	nach Vokal -йтін		-сің	
			-сіз	

			-міз	
			-сіңдер	
			-сіздер	

-е, -і, -ө, -ү		-а, -ы, -о, -ұ	
істейтін	төлейтін	қарайтын	оқитын (оқыйтын)
істемейтін/	төлемейтін/	қарамайтын/	оқымайтын/
істейтін емес	төлейтін емес	қарайтын емес	оқитын емес
беретін	түсінетін	жазатын	болатын
бермейтін/	түсінбейтін/	жазбайтын/	болмайтын/
беретін емес	түсінетін емес	жазатын емес	болатын емес
ішетін	күтетін	ағатын	ұшатын
ішпейтін/	күтпейтін/	ақпайтын/	ұшпайтын/
ішетін емес	күтетін емес	ағатын емес	ұшатын емес

Zeiten und Modi des Vollverbs

беретінмін	ich gebe regelmäßig
беретінсің	du gibst regelmäßig
беретінсіз	Sie geben regelmäßig
ол беретін	er/sie gibt regelmäßig
беретінбіз	wir geben regelmäßig
беретінсіңдер	ihr gebt regelmäßig
беретінсіздер	Sie geben regelmäßig
олар беретін	sie geben regelmäßig

беретін еместін	ich gebe nicht regelmäßig
беретін емессің	du gibst nicht regelmäßig
беретін емессіз	Sie geben nicht regelmäßig
ол беретін емес	er/sie gibt nicht regelmäßig
беретін емеспіз	wir geben nicht regelmäßig
беретін емессіңдер	ihr gebt nicht regelmäßig
беретін емессіздер	Sie geben nicht regelmäßig
олар беретін емес	sie geben nicht regelmäßig

беретінсің бе?	gibst du regelmäßig?
беретінсіз бе?	geben Sie regelmäßig?
ол беретін бе?	gibt er/sie regelmäßig?
беретінсіңдер ме?	gebt ihr regelmäßig?
беретінсіздер ме?	geben Sie regelmäßig?
олар беретін бе?	geben sie regelmäßig?

беретін емессің бе?	gibst du nicht regelmäßig?
беретін емессіз бе?	geben Sie nicht regelmäßig?
ол беретін емес пе?	gibt er/sie nicht regelmäßig?
беретін емессіңдер ме?	gebt ihr nicht regelmäßig?
беретін емессіздер ме?	geben Sie nicht regelmäßig?
олар беретін емес пе?	geben sie nicht regelmäßig?

Die Verneinung kann auch durch **-ме** erfolgen:

Біз кітапханаға бармайтынмыз.	Wir gehen nicht regelmäßig in die Bibliothek.

c) Das unbestimmte Futur auf -(e)p, neg. -мес

Durch dieses Partizip (vgl. S. 84) wird eine Handlung beschrieben, die in der Zukunft möglicherweise eintreten bzw. nicht eintreten wird. Oftmals handelt es sich dabei lediglich um eine unverbindliche Absichtserklärung. Die negierte Form kann daneben auch eine grundsätzliche Verneinung beinhalten:

Ертең көрісерміз.	Vielleicht sehen wir uns morgen.
Мен келер жылы шетелге барармын.	Vielleicht fahre ich nächstes Jahr ins Ausland.
Бүгін киноға бармаспын.	Ich gehe heute möglicherweise nicht ins Kino.
Әрекет болмай берекет болмас.	Ohne sich zu regen, gibt es keinen Segen.

	Partizip	Präsentische Personalendungen	Fragepartikel
бер- істе-	bejaht -(e)p negiert -мес	-мін	ме
		-сің	
		-сіз	

		-міз	
		-сіңдер	
		-сіздер	

-е, -і, -ө, -ү		-а, -ы, -о, -ұ	
істер	төлер	қарар	оқыр
істемес	төлемес	қарамас	оқымас
берер	түсінер	жазар	болар
бермес	түсінбес	жазбас	болмас
ішер	күтер	ағар	ұшар
ішпес	күтпес	ақпас	ұшпас

берермін	ich werde vielleicht geben
берерсің	du wirst vielleicht geben
берерсіз	Sie werden vielleicht geben
ол берер	er/sie wird vielleicht geben
берерміз	wir werden vielleicht geben
берерсіңдер	ihr werdet vielleicht geben
берерсіздер	Sie werden vielleicht geben
олар берер	sie werden vielleicht geben

бермеспін	ich werde vielleicht nicht geben
бермессің	du wirst vielleicht nicht geben
бермессіз	Sie werden vielleicht nicht geben
ол бермес	er/sie wird vielleicht nicht geben
бермеспіз	wir werden vielleicht nicht geben
бермессіңдер	ihr werdet vielleicht nicht geben
бермессіздер	Sie werden vielleicht nicht geben
олар бермес	sie werden vielleicht nicht geben

берерсің бе?	wirst du vielleicht geben?
берерсіз бе?	werden Sie vielleicht geben?
ол берер ме?	wird er/sie vielleicht geben?
берерсіңдер ме?	werdet ihr vielleicht geben?
берерсіздер ме?	werden Sie vielleicht geben?
олар берер ме?	werden sie vielleicht geben?

бермессің бе?	wirst du nicht vielleicht geben?
бермессіз бе?	werden Sie nicht vielleicht geben?
ол бермес пе?	wird er/sie nicht vielleicht geben?
бермессіңдер ме?	werdet ihr nicht vielleicht geben?
бермессіздер ме?	werden Sie nicht vielleicht geben?
олар бермес пе?	werden sie nicht vielleicht geben?

Die bejahte Form von **жат-** *liegen* lautet **жатыр**. Bei **отыр-** *sitzen*, **тұр-** *stehen* und **жүр-** *gehen* sind die Formen auf den Verbstamm reduziert:

жатыр	er/sie liegt	тұр	er/sie steht
отыр	er/sie sitzt	жүр	er/sie geht

d) Die Form auf -мек/-мекші

Dieses Partizip drückt eine Handlung aus, die unmittelbar bevorsteht, da sie beabsichtigt, gewünscht oder auch notwendig ist. Sie kann daher sowohl mit *ich habe vor*, *ich beabsichtige*, *ich will* als auch mit *ich sollte* wiedergegeben werden. Die bejahten Formen der 3. Personen erhalten häufig zusätzlich die Endung **-ші**, die bei den anderen Personen eine Bedeutungsverstärkung *ich habe fest vor*, *ich sollte unbedingt* beinhalten kann:

Бүгін қайда бармақсыз?	Wohin wollen Sie heute gehen?
Біз бүгін Түркістанға бармақпыз.	Wir haben vor, heute nach Türkistan zu fahren.
Бұл жүзікті сатпақ еміспін.	Ich habe nicht die Absicht, diesen Ring zu verkaufen.
Айгүл ата-анасына телефон соқпақшы.	Aygül sollte unbedingt ihre Eltern anrufen.

Partizip		Negation	Präsentische Personalendungen	Fragepartikel
бер-	-мек(ші)	емес	-мін	ме
істе-			-сің	
			-сіз	

			-міз	
			-сіңдер	
			-сіздер	

-е, -і, -ө, -ү		-а, -ы, -о, -ұ	
істемек	төлемек	қарамақ	оқымақ
істемек емес	төлемек емес	қарамақ емес	оқымақ емес
бермек	түсінбек	жазбақ	болмақ
бермек емес	түсінбек емес	жазбақ емес	болмақ емес
ішпек	күтпек	ақпақ	ұшпақ
ішпек емес	күтпек емес	ақпақ емес	ұшпақ емес

бермекпін	ich habe vor, zu geben
бермексің	du hast vor, zu geben
бермексіз	Sie haben vor, zu geben
ол бермекші	er/sie hat vor, zu geben
бермекпіз	wir haben vor, zu geben
бермексіңдер	ihr habt vor, zu geben
бермексіздер	Sie haben vor, zu geben
олар бермекші	sie haben vor, zu geben

бермек еместін	ich habe nicht vor, zu geben
бермек емессің	du hast nicht vor, zu geben
бермек емессіз	Sie haben nicht vor, zu geben
ол бермек емес	er/sie hat nicht vor, zu geben
бермек еміспіз	wir haben nicht vor, zu geben
бермек емессіңдер	ihr habt nicht vor, zu geben
бермек емессіздер	Sie haben nicht vor, zu geben
олар бермек емес	sie haben nicht vor, zu geben

бермексің бе?	hast du vor, zu geben?
бермексіз бе?	haben Sie vor, zu geben?
ол бермек пе?	hat er/sie vor, zu geben?
бермексіңдер ме?	habt ihr vor, zu geben?
бермексіздер ме?	haben Sie vor, zu geben?
олар бермек пе?	haben sie vor, zu geben?

бермек емессің бе?	hast du nicht vor, zu geben?
бермек емессіз бе?	haben Sie nicht vor, zu geben?
ол бермек емес пе?	hat er/sie nicht vor, zu geben?
бермек емессіңдер ме?	habt ihr nicht vor, zu geben?
бермек емессіздер ме?	haben Sie nicht vor, zu geben?
олар бермек емес пе?	haben sie nicht vor, zu geben?

e) Das Präsens auf -(i)п жатыр

Die sich im Augenblick des Sprechens vollziehende Handlung wird gebildet, indem man das Hauptverb in die Konverbform auf **-(i)п,** neg. **-мей,** setzt (vgl. S. 88 und 94) und **жат-** *liegen* im unbestimmten Futur folgen lässt:

Сендер не істеп жатырсыңдар?	Was macht ihr gerade?
Біз жұмыс істеп жатырмыз.	Wir arbeiten.

Die Verben **кел-** *kommen* und **бар-** *gehen* stehen in diesem Zusammenhang nicht in der Konverbform auf **-(i)п**, sondern in derjenigen auf **-e** (vgl. S. 86):

Киноға бара жатырмыз.	Wir gehen ins Kino.
Пойыз келе жатыр.	Der Zug kommt.

Hauptverb		Hilfsverb		
Verbstamm	Konverbsuffix	Partizip	Präs. Pers. Endungen	Fragepartikel
бер-	bejaht -(i)п	жатыр-	-мын	ма
істе-	negiert -мей		-сың	
			-сыз	

			-мыз	
			-сыңдар	
			-сыздар	

беріп жатырмын	ich gebe
беріп жатырсың	du gibst
беріп жатырсыз	Sie geben
ол беріп жатыр	er/sie gibt
беріп жатырмыз	wir geben
беріп жатырсыңдар	ihr gebt
беріп жатырсыздар	Sie geben
олар беріп жатыр	sie geben

бермей жатырмын	ich gebe nicht
бермей жатырсың	du gibst nicht
бермей жатырсыз	Sie geben nicht
ол бермей жатыр	er/sie gibt nicht
бермей жатырмыз	wir geben nicht
бермей жатырсыңдар	ihr gebt nicht
бермей жатырсыздар	Sie geben nicht
олар бермей жатыр	sie geben nicht

беріп жатырсың ба?	gibst du?
беріп жатырсыз ба?	geben Sie?
ол беріп жатыр ма?	gibt er/sie?
беріп жатырсыңдар ма?	gebt ihr?
беріп жатырсыздар ма?	geben Sie?
олар беріп жатыр ма?	geben sie?

бермей жатырсың ба?	gibst du nicht?
бермей жатырсыз ба?	geben Sie nicht?
ол бермей жатыр ма?	gibt er/sie nicht?
бермей жатырсыңдар ма?	gebt ihr nicht?
бермей жатырсыздар ма?	geben Sie nicht?
олар бермей жатыр ма?	geben sie nicht?

Neben **жатыр** werden auch **отыр**, **тұр** und **жүр** (vgl. S. 51) als Hilfsverben zum Ausdruck des Präsens eingesetzt; daneben treten alle vier Verben auch als selbständige Hauptverben auf:

Біз теледидар қарап отырмыз.	Wir sehen fern.
Мен Алматыға жүретін пойызды күтіп турмын.	Ich warte auf den Zug, der nach Almaty fährt.
Балалар қорада ойнап жүр.	Die Kinder spielen im Hof.

Кітап текте жатыр.	Das Buch liegt im Regal.
Біз үйде отырмыз.	Wir sitzen zu Hause.
Такси көшеде тұр.	Das Taxi steht auf der Straße.
Керуен далада жүр.	Die Karawane ist in der Steppe unterwegs.

f) Das Präsens auf -уде

Der Lokativ des Verbalnomens auf **-y** (vgl. S. 75) drückt eine Handlung aus, die sich gerade im Augenblick oder mit zeitlichen Unterbrechungen in der Gegenwart vollzieht. Diese Form findet vor allem in amtlichen Bekanntmachungen sowie in der Nachrichten- und Zeitungssprache Verwendung:

Мұғалімдер мектептің директорымен сөйлесуде.	Die Lehrer sind dabei, sich mit dem Direktor der Schule zu besprechen.
Мына көпір салынуда.	Diese Brücke befindet sich im Bau.
Университетте студенттер көбеюде.	Die Studenten an der Universität werden zahlreicher.
Мен кітап жазудамын.	Ich bin dabei, ein Buch zu schreiben.

Partizip	Negation	Präsentische Personalendungen	Fragepartikel
бер-	-уде	емес	-мін	ме
істе-			-сің	
			-сіз	

			-міз	
			-сіңдер	
			-сіздер	

-е, -і, -ө, -ү		-а, -ы, -о, -ұ	
істеуде	төлеуде	қарауда	оқуда
істеуде емес	төлеуде емес	қарауда емес	оқуда емес
беруде	түсінуде	жазуда	болуда
беруде емес	түсінуде емес	жазуда емес	болуда емес
ішуде	күтуде	ағуда	ұшуда
ішуде емес	күтуде емес	ағуда емес	ұшуда емес

Zeiten und Modi des Vollverbs 57

берудемін	ich bin dabei, zu geben
берудесің	du bist dabei, zu geben
берудесіз	Sie sind dabei, zu geben
ол беруде	er/sie ist dabei, zu geben
берудеміз	wir sind dabei, zu geben
берудесіңдер	ihr seid dabei, zu geben
берудесіздер	Sie sind dabei, zu geben
олар беруде	sie sind dabei, zu geben

беруде еміспін	ich bin nicht dabei, zu geben
беруде емессің	du bist nicht dabei, zu geben
беруде емессіз	Sie sind nicht dabei, zu geben
ол беруде емес	er/sie ist nicht dabei, zu geben
беруде еміспіз	wir sind nicht dabei, zu geben
беруде емессіңдер	ihr seid nicht dabei, zu geben
беруде емессіздер	Sie sind nicht dabei, zu geben
олар беруде емес	sie sind nicht dabei, zu geben

берудесің бе?	bist du dabei, zu geben?
берудесіз бе?	sind Sie dabei, zu geben?
ол беруде ме?	ist er/sie dabei, zu geben?
берудесіңдер ме?	seid ihr dabei, zu geben?
берудесіздер ме?	sind Sie dabei, zu geben?
олар беруде ме?	sind sie dabei, zu geben?

беруде емессің бе?	bist du nicht dabei, zu geben?
беруде емессіз бе?	sind Sie nicht dabei, zu geben?
ол беруде емес пе?	ist er/sie nicht dabei, zu geben?
беруде емессіңдер ме?	seid ihr nicht dabei, zu geben?
беруде емессіздер ме?	sind Sie nicht dabei, zu geben?
олар беруде емес пе?	sind sie nicht dabei, zu geben?

3. Perfektformen

a) Das Perfekt auf -ді

Diese Zeitform entspricht dem deutschen Perfekt, d.h. die beschriebene Handlung wurde durchgeführt und zu einem Abschluss gebracht. Das Themasuffix lautet **-д**; die Personen werden mit einer einzigen Abweichung durch Possessivsuffixe ausgedrückt, die mit dem Themasuffix eine Einheit bilden – sie werden im Folgenden als perfektische Personalendungen bezeichnet:

Кеше не істедіңдер?	Was habt ihr gestern gemacht?
Біз күні бойы жұмыс істедік.	Wir haben den ganzen Tag gearbeitet.
Мен бұл кітапты оқыдым.	Ich habe dieses Buch gelesen (und kann jetzt etwas anderes tun).

Verbstamm	Negation	Perfektische Personalendungen	Fragepartikel
бер-	-ме	-дім	ме
істе-		-дің	
		-діңіз	
		-ді	
		-дік	
		-діңдер	
		-діңіздер	
		-ді	

-е, -і, -ө, -ү		-а, -ы, -о, -ұ	
істеді	төледі	қарады	оқыды
істемеді	төлемеді	қарамады	оқымады
берді	түсінді	жазды	болды
бермеді	түсінбеді	жазбады	болмады
ішті	күтті	ақты	ұшты
ішпеді	күтпеді	ақпады	ұшпады

Zeiten und Modi des Vollverbs

бердім	ich habe gegeben
бердің	du hast gegeben
бердіңіз	Sie haben gegeben
ол берді	er/sie hat gegeben
бердік	wir haben gegeben
бердіңдер	ihr habt gegeben
бердіңіздер	Sie haben gegeben
олар берді	sie haben gegeben

бермедім	ich habe nicht gegeben
бермедің	du hast nicht gegeben
бермедіңіз	Sie haben nicht gegeben
ол бермеді	er/sie hat nicht gegeben
бермедік	wir haben nicht gegeben
бермедіңдер	ihr habt nicht gegeben
бермедіңіздер	Sie haben nicht gegeben
олар бермеді	sie haben nicht gegeben

бердің бе?	hast du gegeben?
бердіңіз бе?	haben Sie gegeben?
ол берді ме?	hat er/sie gegeben?
бердіңдер ме?	habt ihr gegeben?
бердіңіздер ме?	haben Sie gegeben?
олар берді ме?	haben sie gegeben?

бермедің бе?	hast du nicht gegeben?
бермедіңіз бе?	haben Sie nicht gegeben?
ол бермеді ме?	hat er/sie nicht gegeben?
бермедіңдер ме?	habt ihr nicht gegeben?
бермедіңіздер ме?	haben Sie nicht gegeben?
олар бермеді ме?	haben sie nicht gegeben?

Für einige Redewendungen, bei denen das Deutsche das Präsens verwendet, gebraucht das Kasachische das Perfekt:

Мен кеттім.	Ich bin weggegangen = ich gehe jetzt; ich bin schon weg.

b) Das Perfekt auf -ген

Das Partizip Perfekt auf **-ген** (vgl. S. 81) drückt als Prädikatsnomen eine Tätigkeit aus, die in der Vergangenheit stattgefunden hat und noch bis in die Gegenwart nachwirkt bzw. Gültigkeit besitzt:

Абай Құнанбайұлы, қазақтын ұлы ақыны, 1845-жылы Қазақстанда туған.	Abaj Kunanbajuly, der große Dichter der Kasachen, wurde im Jahre 1845 in Kasachstan geboren.
Сіз үйленгенсіз бе?	Sind Sie verheiratet (m.)?
Мен бұл кітапты оқығанмын.	Ich habe dieses Buch gelesen (ich weiß jetzt, was darin steht).

Partizip	Negation	Präsentische Personalendungen	Fragepartikel
бер-	-ген	емес	-мін	ме
істе-			-сің	
			-сіз	

			-біз	
			-сіңдер	
			-сіздер	

-е, -і, -ө, -ү		-а, -ы, -о, -ұ	
істеген	төлеген	қараған	оқыған
істемеген/ істеген емес	төлемеген/ төлеген емес	қарамаған/ қараған емес	оқымаған/ оқыған емес
берген	түсінген	жазған	болған
бермеген/ берген емес	түсінбеген/ түсінген емес	жазбаған/ жазған емес	болмаған/ болған емес
ішкен	күткен	аққан	ұшқан
ішпеген/ ішкен емес	күтпеген/ күткен емес	ақпаған/ аққан емес	ұшпаған/ ұшқан емес

Zeiten und Modi des Vollverbs

бергенмін	ich habe gegeben
бергенсің	du hast gegeben
бергенсіз	Sie haben gegeben
ол берген	er/sie hat gegeben
бергенбіз	wir haben gegeben
бергенсіңдер	ihr habt gegeben
бергенсіздер	Sie haben gegeben
олар берген	sie haben gegeben

берген еспін	ich habe nicht gegeben
берген емессің	du hast nicht gegeben
берген емессіз	Sie haben nicht gegeben
ол берген емес	er/sie hat nicht gegeben
берген емеспіз	wir haben nicht gegeben
берген емессіңдер	ihr habt nicht gegeben
берген емессіздер	Sie haben nicht gegeben
олар берген емес	sie haben nicht gegeben

бергенсің бе?	hast du gegeben?
бергенсіз бе?	haben Sie gegeben?
ол берген бе?	hat er/sie gegeben?
бергенсіңдер ме?	habt ihr gegeben?
бергенсіздер ме?	haben Sie gegeben?
олар берген бе?	haben sie gegeben?

берген емессің бе?	hast du nicht gegeben?
берген емессіз бе?	haben Sie nicht gegeben?
ол берген емес пе?	hat er/sie nicht gegeben?
берген емессіңдер ме?	habt ihr nicht gegeben?
берген емессіздер ме?	haben Sie nicht gegeben?
олар берген емес пе?	haben sie nicht gegeben?

Die Verneinung kann noch auf zwei weitere Arten erfolgen:

Мен үйленген жоқмын.	Ich bin bestimmt nicht verheiratet.
Менің үйленгенім жоқ.	Dass ich geheiratet haben soll, gibt es ja gar nicht.

c) Das Perfekt auf -(i)п

Bei dieser Zeitform, die häufig in Erzählungen verwendet wird, hat der Sprecher die berichtete Handlung zwar nicht selbst beobachtet bzw. bewusst miterlebt, dennoch gilt ihr Wahrheitsgehalt als unbestritten:

Ертеде қазақ даласында Кербұғы домбырашы өмір сүріпті.	In alter Zeit lebte in der Kasachensteppe der Dombraspieler Kerbughy.
Асан аттан жығылыпты.	Hasan soll vom Pferd gestürzt sein.
Сіз мені қате түсініпсіз.	Sie müssen mich falsch verstanden haben.
Мен бұл кітапты оқыппын.	Ich meine, dieses Buch gelesen zu haben.
Мен нан алуды ұмытыппын.	Ich habe vergessen, Brot zu holen.

Verbstamm	Negation	Themasuffix	Präsentische Personalendungen
бер-	-ме	-(i)п	-пін
істе-			-сің
			-сіз
			-ті
			-піз
			-сіңдер
			-сіздер
			-ті

-е, -і, -ө, -ү		-а, -ы, -о, -ұ	
істепті	төлепті	қарапты	оқыпты
істемепті	төлемепті	қарамапты	оқымапты
беріпті	түсініпті	жазыпты	болыпты
бермепті	түсінбепті	жазбапты	болмапты
ішіпті	күтіпті	ағыпты	ұшыпты
ішпепті	күтпепті	ақпапты	ұшпапты

беріппін	ich habe wohl gegeben
беріпсің	du hast wohl gegeben
берiпсiз	Sie haben wohl gegeben
ол беріпті	er/sie hat wohl gegeben
беріппіз	wir haben wohl gegeben
беріпсіңдер	ihr habt wohl gegeben
беріпсіздер	Sie haben wohl gegeben
олар беріпті	sie haben wohl gegeben

бермеппін	ich habe wohl nicht gegeben
бермепсің	du hast wohl nicht gegeben
бермепсіз	Sie haben wohl nicht gegeben
ол бермепті	er/sie hat wohl nicht gegeben
бермеппіз	wir haben wohl nicht gegeben
бермепсіңдер	ihr habt wohl nicht gegeben
бермепсіздер	Sie haben wohl nicht gegeben
олар бермепті	sie haben wohl nicht gegeben

4. Aufforderungsformen

a) Der Imperativ der 2. Personen

Der Imperativ der 2. Person Singular ist mit dem Verbstamm identisch. Zur Bildung der übrigen Formen werden die Suffixe **-(i)ңіз**, im Plural **-(i)ңдер** bzw. **-(i)ңіздер** angefügt:

Алдымен ойла, содан соң айт!	Denke zuerst nach und sprich dann!
Кеш келме, ерте кел!	Komm nicht (so) spät, komm früh!
Бақытты болыңдар!	Werdet glücklich!
Ұзақ өмір сүріңдер!	Möget ihr lange leben!
Кіріңіз, отырыңыз!	Treten Sie ein, nehmen Sie Platz!
Төрге шығыңыз!	Gehen Sie zum Ehrenplatz!

Verbstamm	Negation	Imperativendungen	
бер-	-ме	---	2. P. Sg. familiär
істе-		-(i)ңіз	2. P. Sg. formell
		-(i)ңдер	2. P. Pl. familiär
		-(i)ңіздер	2. P. Pl. formell

-е, -і, -ө, -ү		-а, -ы, -о, -ұ	
істеңіз	төлеңіз	қараңыз	оқыңыз
істемеңіз	төлемеңіз	қарамаңыз	оқымаңыз
беріңіз	түсініңіз	жазыңыз	болыңыз
бермеңіз	түсінбеңіз	жазбаңыз	болмаңыз
ішіңіз	күтіңіз	ағыңыз	ұшыңыз
ішпеңіз	күтпеңіз	ақпаңыз	ұшпаңыз

бер	gib	беріңіз	geben Sie
беріңдер	gebt	беріңіздер	geben Sie

берме	gib nicht	бермеңіз	geben Sie nicht
бермеңдер	gebt nicht	бермеңіздер	geben Sie nicht

b) Der Imperativ der 3. Personen

Auch für die 3. Personen kennt das Kasachische eine eigene Aufforderungsform; die deutsche Wiedergabe erfolgt durch das Hilfsverb *sollen*:

Ас тәтті/дәмді болсын!	Möge das Essen schmackhaft sein/ guten Appetit!
Уакытыңыз көңілді өтсін!	Möge Ihre Zeit fröhlich vergehen/ haben Sie eine angenehme Zeit!
Жаңа жылыңыз құтты болсын!	Möge Ihr neues Jahr glücklich sein!

Verbstamm	Negation	Imperativendung	Fragepartikel
бер-	-ме	-сін	бе
істе-			

-е, -і, -ө, -ү		-а, -ы, -о, -ұ	
істесін	төлесін	қарасын	оқысын
істемесін	төлемесін	қарамасын	оқымасын
берсін	түсінсін	жазсын	болсын
бермесін	түсінбесін	жазбасын	болмасын
ішсін	күтсін	ақсын	ұшсын
ішпесін	күтпесін	ақпасын	ұшпасын

| ол берсін | er/sie soll geben |
| олар берсін | sie sollen geben |

| ол бермесін | er/sie soll nicht geben |
| олар бермесін | sie sollen nicht geben |

| ол берсін бе? | soll er/sie geben? |
| олар берсін бе? | sollen sie geben? |

| ол бермесін бе? | soll er/sie nicht geben? |
| олар бермесін бе? | sollen sie nicht geben? |

c) Der Optativ

Der kasachische Optativ findet in den 1. Personen Anwendung. Er entspricht in etwa dem deutschen Modalverb *mögen*, in der Frageform dem Modalverb *sollen*:

Мен бүгін үйде қалайын.	Ich bleibe heute einmal zu Hause.
Міне, Айнұр келе жатыр; енді жүрейік!	Seht, da kommt Aynur; jetzt lasst uns (los)gehen!
Келіңдер, мына жерге отырайық.	Kommt, setzen wir uns hierher!
Шай әкелейін бе?	Soll ich Tee bringen?

Verbstamm	Negation	Optativendungen		Fragepartikel
бер-	-ме	-(е)йін	1. P. Sg.	бе
істе-		-(е)йік	1. P. Pl.	

-е, -і, -ө, -ү		-а, -ы, -о, -ұ	
істейін	төлейін	қарайын	оқыйын
істемейін	төлемейін	қарамайын	оқымайын
берейін	түсінейін	жазайын	болайын
бермейін	түсінбейін	жазбайын	болмайын
ішейін	күтейін	ағайын	ұшайын
ішпейін	күтпейін	ақпайын	ұшпайын

берейін	ich möchte geben, lasst mich geben
берейік	lasst uns geben

бермейін	ich möchte nicht geben
бермейік	lasst uns nicht geben

берейін бе?	soll ich geben?
берейік пе?	sollen wir geben?

бермейін бе?	soll ich nicht geben?
бермейік пе?	sollen wir nicht geben?

5. Mit **еді** und **екен** zusammengesetzte Verbformen

Es ist möglich, an die auf S. 45 aufgeführten Partizipien des Vollverbs – als weiteres kommt für das Präsens **-(і)п жатқан** (vgl. S. 83) hinzu – anstelle der präsentischen Personalendungen die Formen **еді** und **екен** anzufügen, doch gehen in der Praxis nicht alle diese Verbindung ein. Während durch Anfügung von **еді** eine zeitliche Verlagerung der Handlung in die Vergangenheit erfolgt – auf diese Art werden unter anderem sowohl das Präteritum wie auch das Plusquamperfekt gebildet –, erhalten die Formen durch Anfügung von **екен** die in Kap. VII beschriebenen Nuancen der Vermutung bzw. der Unbestimmtheit.

a) Mit **еді** zusammengesetzte Verbformen

	... еді er war einer, der ...	
беретін	... regelmäßig gibt	= er pflegte zu geben
берер	... vielleicht geben wird	= er würde geben, er gäbe
бермек(ші)	... vorhat, zu geben	= er wollte (eigentlich) geben
беріп жатыр	... gibt	= er gab
беріп жатқан	... gibt	= er gab
беруде	... am Geben ist	= er war am Geben
берген	... gegeben hat	= er hatte gegeben

Мен бала кезімде жазда жайлауға баратын едім.	Ich pflegte in meiner Kindheit im Sommer auf die Sommerweide zu fahren.
Сіз бізге нені көруді ұсынар едіңіз?	Was würden Sie uns empfehlen, anzusehen?
Біз бүгін мұражайға бармақ едік.	Wir wollten (eigentlich) heute ins Museum gehen.
Қонақтар келгенде мен шай демдеп жатырдым/демдеп жатқан едім.	Als die Gäste kamen, goss ich gerade den Tee auf.
Ол кезде мына көпір салынуда еді.	Damals befand sich diese Brücke gerade im Bau.
Достарымды көптен бері көрмеген едім.	Ich hatte meine Freunde seit langem nicht gesehen.

Eine weiteres Plusquamperfekt kann durch **-(i)п еді** wiedergegeben werden:

Мен саған айтып едім.	Ich hatte es dir gesagt (wenn ich nicht irre).
Англияда болып па едіңіз?	Waren Sie wohl schon einmal in England gewesen?

b) Mit **екен** zusammengesetzte Verbformen:

	... екен	er ist wohl einer, der ...	
береді	... gibt/geben wird	= er gibt wohl/wird wohl geben
берететін	... regelmäßig gibt	= er gibt wohl regelmäßig
берер	... vielleicht geben wird	= er wird wohl vielleicht geben
бермек(ші)	... vorhat, zu geben	= er hat wohl vor, zu geben
беріп жатыр	... gibt	= er gibt wohl
беріп жатқан	... gibt	= er gibt wohl
беруде	... am Geben ist	= er ist wohl am Geben
берген	... gegeben hat	= er hat wohl gegeben

Қазақ тілін жақсы сөйлейді екенсіз.	Sie sprechen (nach meinem Eindruck) gut Kasachisch.
Мұнда жаңа үйлер салынуда екен.	Hier befinden sich wohl neue Häuser im Bau.
Сен кітапты оқымаған екенсің.	Du hast das Buch wohl nicht gelesen.

Die Bildung **-ген екен** kommt in ihrer Bedeutung dem unbestimmten Perfekt auf **-(i)п** nahe; sie wird ebenfalls vorzugsweise in Märchen verwendet:

Ертеде қазақ даласында Кербұғы домбырашы өмір сүрген екен.	In alter Zeit lebte in der Kasachensteppe der Dombraspieler Kerbughy.

Bei Fragesätzen aller Art kann der Dubitativ durch nachgestelltes **екен** zum Ausdruck gebracht werden:

Кіруге болар ма екен?	Ob es wohl möglich ist, einzutreten?
Мұны Айша саған неге айтпады екен?	Wieso wohl hat Ayscha dir das nicht gesagt?

6. Mit Bildungen von бол- zusammengesetzte Formen

Das Kasachische besitzt eine Reihe weiterer zusammengesetzter Verbformen, denn es ist möglich, alle diejenigen Bildungen von **бол-**, in denen es das Hilfsverbs *sein* vertritt (vgl. S. 40), an die Partizipien eines Vollverbs anzuschließen. So werden etwa zur Bildung des Futur II das Präsens-Futur oder das unbestimmte Futur von **бол-** hinter das Partizip Perfekt auf **-ген** gestellt:

Азамат әкесіне телефон соққан болады/болар.	Azamat wird/dürfte (inzwischen) seinen Vater angerufen haben.
Қуана-қуана келген болар едім, бірақ жұмысым өте көп.	Ich wäre sehr, sehr gerne gekommen, (ich würde gerne gekommen sein), aber ich habe zu viel zu tun.

Durch die Perfektformen von **бол-** in seiner Bedeutung *werden* wird das Entstehen einer Situation zum Ausdruck gebracht:

Мен қазақ тідін үйренмек(ші) болдым.	Ich bin einer geworden, der Kasachisch lernen will = ich habe beschlossen, Kasachisch zu lernen.
Мен қымыз ішетін болдым.	Ich bin einer geworden, der regelmäßig Kumys trinkt = ich habe mir angewöhnt, regelmäßig Kumys zu trinken.
Шетелде баратын болдым.	Ich bin einer geworden, der ins Ausland gehen wird = es steht fest, dass ich ins Ausland gehen werde.

7. Konditionale Verbformen

Zur Bildung von konditionalen Verbformen besitzt das Kasachische ein Themasuffix **-се**, an das sich die gleichen Personalendungen wie beim Perfekt anschließen. Die Form des Prädikats gibt darüber Auskunft, ob es sich um einen realen, potentialen oder irrealen Konditionalsatz handelt. Beim irrealen Konditional ist das Prädikat des Satzes die Verbindung der Form **-етін** mit **еді**:

Сендер тауға барсаңдар, мен де барамын.	Wenn ihr in die Berge geht, gehe ich auch.
Сендер тауға барсаңдар, мен де барармын.	Falls ihr in die Berge gehen solltet, gehe ich vielleicht auch.
Сендер тауға барсаңдар, мен де барар едім.	Wenn ihr in die Berge ginget, ginge ich auch.
Сендер тауға барсаңдар, мен де баратын едім.	Wenn ihr in die Berge gegangen wärt, wäre ich auch gegangen.

Verbstamm	Negation	Konditionale Personalendungen
бер-	-ме	-сем
істе-		-сең
		-сеңіз
		-се
		-сек
		-сеңдер
		-сеңіздер
		-се

-е, -і, -ө, -ү		-а, -ы, -о, -ұ	
істесе	төлесе	қараса	оқыса
істемесе	төлемесе	қарамаса	оқымаса
берсе	түсінсе	жазса	болса
бермесе	түсінбесе	жазбаса	болмаса
ішсе	күтсе	ақса	ұшса
ішпесе	күтпесе	ақпаса	ұшпаса

Zeiten und Modi des Vollverbs

берсем	wenn ich gebe
берсең	wenn du gibst
берсеңіз	wenn Sie geben
ол берсе	wenn er/sie gibt
берсек	wenn wir geben
берсеңдер	wenn ihr gebt
берсеңіздер	wenn Sie geben
олар берсе	wenn sie geben

бермесем	wenn ich nicht gebe
бермесең	wenn du nicht gibst
бермесеңіз	wenn Sie nicht geben
ол бермесе	wenn er/sie nicht gibt
бермесек	wenn wir nicht geben
бермесеңдер	wenn ihr nicht gebt
бермесеңіздер	wenn Sie nicht geben
олар бермесе	wenn sie nicht geben

Folgt auf die konditionale Verbform die Konjunktion **да** *auch*, entsteht ein Konzessivsatz:

Өзі тойса да көзі тоймайды.	Wenn er selbst auch satt wird, so werden seine Augen doch nicht satt.

Sehr häufig finden sich Redewendungen, bei denen eine Form von **бол-** in seiner Bedeutung *in Ordnung sein* das Prädikat bildet:

Түскі асқа кездессек бола ма?	Ist es in Ordnung, wenn wir uns zum Mittagessen treffen?

Fehlt der Hauptsatz, bleibt die konditionale Verbform als Vorschlag oder höfliche Bitte im Raum stehen:

Кешкі асқа кездессек?	... und wenn wir uns zum Abendessen treffen?
Бір пияла шай әкеліп берсеңіз?	Wenn Sie mir eine Schale Tee bringen würden ...?

Erscheinen die 1. Personen in einem Fragsatz, entsteht eine unentschlossene Frage; diese kann durch **екен** noch verstärkt werden:

| Кешті қалай өткізсек екен? | Wie sollten wir wohl den Abend verbringen? |
| Бірге киноға барсақ па екен? | Ob wir zusammen ins Kino gehen sollten? |

Im Fall eines Aussagesatzes wird auf diese Art ein dringender Wunsch wiedergegeben:

| Бүгін келсеңдер екен! | Wenn ihr doch nur heute kämt! |

Lautet das Prädikat des Satzes **керек** *(es ist) notwendig*, wird eine Vermutung zum Ausdruck gebracht:

| Қонақтарымыз бүгін келсе керек. | Unsere Gäste dürften heute kommen. |

Oftmals ist der Übergang von einem konditionalen zu einem temporalen *wenn* oder *als* fließend. Im letzteren Fall enthält der Hauptsatz ein Prädikat mit **екен** oder dem Perfekt auf **-(i)п**:

| Үйге келсем Айша жоқ екен. | Als ich nach Haus komme/kam, ist/war Ayscha nicht da. |
| Мен аудиторияға кірсем, сабақ әлі басталмапты. | Als ich das Auditorium betrat, hatte der Unterricht noch nicht begonnen. |

Vorzeitigkeit und Nachzeitigkeit sowie weitere Möglichkeiten der Differenzierung ergeben sich dadurch, dass man **болса** hinter die Partizipien des Vollverbs stellt:

Тауға баратын болсаңдар, жылы киімдеріңді киіңдер!	Wenn ihr in die Berge geht, zieht eure warmen Kleider an!
Келмекші болсаңдар, сендерді күтемін.	Wenn ihr die Absicht habt, zu kommen, werde ich auf euch warten.
Жұмыс істеп жатқан болсаңдар, кейін келемін.	Wenn ihr gerade arbeitet, komme ich später.

Әлі тамақ ішпеген болсаңдар, мейрамханаға барайық.	Wenn ihr noch nicht gegessen habt, lasst uns in ein Lokal gehen.
Жаңбыр жаумаған болса, тауға баратын едік.	Wenn es nicht geregnet hätte, wären wir in die Berge gegangen.
Қонақтарымыз келген болса керек.	Unsere Gäste dürften gekommen sein.

Schließlich verwenden auch verallgemeinernde Relativsätze, die im Deutschen durch Fragewörter eingeleitet werden, im Kasachischen eine konditionale Verbform:

Кім еңбек етпесе, сол ішіп жемейді.	Wer nicht arbeitet, der wird (auch) nicht trinken und essen.
Қанша жегің келсе, сонша ал!	Nimm so viel, (wie) du Lust hast, zu essen!
Қайда барсаң жол болсын!	Möge, wohin du auch gehst, ein Weg sein = gute Reise, wohin du auch gehst!

IX. Verbalnomina

1. Das Verbalnomen auf -у

Dieses Verbalnomen ist die allgemein als Infinitiv vorgestellte Form; sie wird gebildet, indem man an den Verbstamm **-у** anfügt:

-е, -і, -ө, -ү		-а, -ы, -о, -ұ	
істеу	төлеу	қарау	оқу
беру	түсіну	жазу	болу
ішу	күту	ағу	ұшу

Verbstämme auf **і** oder **ы** verlieren ihren Endvokal. Endet der Verbstamm auf **й**, verbindet sich dieser Konsonant mit der Infinitivendung **у** zu **ю**; ausgenommen hiervon ist **и** (= **ій**, **ый**), das erhalten bleibt:

есті-:	есту	hören	ки-:	кию	anziehen
таны-:	тану	kennen	көбей-:	көбею	mehr werden
оқы-:	оқу	lesen	қой-:	қою	setzen, legen

Ohne Possessivsuffixe drückt das Verbalnomen auf **-у** eine Tätigkeit in ihrer allgemeinen und personenunabhängigen Bedeutung aus und entspricht so weitgehend deutschen Nebensätzen mit dem Infinitiv mit *zu*. Je nachdem, welchen Kasus das folgende Verb regiert, kann es dekliniert und im Zusammenhang mit Postpositionen verwendet werden.

In Verbindung mit **зиян бол-** *schädlich sein*, **керек бол-** *nötig sein*, **қызық бол-** *interessant sein*, **қиын бол-** *schwierig sein*, **мүмкін бол-** *möglich sein*, **ұна-** *gefallen* steht das Verbalnomen im Nominativ:

Маған тіл үйрену ұнайды.	Es gefällt mir, Sprachen zu lernen.
Қазақша үйрену қиын емес.	Es ist nicht schwierig, Kasachisch zu lernen.
Күн ыстық болса, көп су ішу керек.	Wenn es heiß ist, ist es nötig, viel Wasser zu trinken.

Bei den Verben **әзірлен-** *sich vorbereiten*, **бар-** *gehen*, **бол-** *in Ordnung sein, möglich sein, gestattet sein*, **жеңіл бол-** *leicht sein*, **кел-** *kommen*, **келіс-** *übereinkommen, vereinbaren*, **кет-** *gehen*, **кіріс-** *sich daran machen*, **көмектес-** *behilflich sein*, **қарсы бол-** *dagegen sein*, **қатыс-** *teilnehmen*, **құмар бол-** *sich begeistern*, **рұқсат ет-** *gestatten*, **шық-** *hinausgehen*, **талпын-** *versuchen*, **тиіс бол-** *verpflichtet sein*, **тырыс-** *sich bemühen* steht das Verbalnomen im Dativ:

Кіруге бола ма?	Darf man eintreten?
Поштаға қалай баруға болады?	Wie kommt man zur Post?
Сізге қызымды таныстыруға рұқсат етіңіз.	Gestatten Sie (mir), Ihnen meine Tochter vorzustellen.
Балалар нан алуға кетті.	Die Kinder sind Brot holen gegangen.

Den Akkusativ regieren die Verben **арманда-** *träumen, schwärmen*, **жақсы көр-** *lieben*, **кеңес бер-** *empfehlen*, **қой-** *sein lassen, aufhören*, **ойла-** *daran denken*, **үйрен-** *lernen*, **ұмыт-** *vergessen*, **ұсын-** *anbieten, vorschlagen*, **талап ет-** *fordern*:

Кітап оқуды жақсы көремін.	Ich liebe es, Bücher zu lesen.
Мен машинамды сатуды ойлап жүрмін.	Ich denke daran, mein Auto zu verkaufen.
Мен нан алуды ұмытыппын.	Ich habe vergessen, Brot zu holen.
Асан темекі шегуді қойды.	Hasan hat das Rauchen aufgegeben.

Durch den Lokativ wird eine Handlung ausgedrückt, die sich gerade im Augenblick oder mit zeitlichen Unterbrechungen in der Gegenwart vollzieht (vgl. S. 56):

Мен кітап жазудамын.	Ich bin dabei, ein Buch zu schreiben.

Verbunden mit der Postposition **үшін** *für* entsteht ein Finalsatz, der im Deutschen mit *um zu* wiedergegeben wird:

Біз достарыыздды көру үшін қалаға бардық.	Wir sind in die Stadt gefahren, um unsere Freunde zu sehen.
Кешікпеу үшін таксимен келдік.	Wir sind mit dem Taxi gekommen, um uns nicht zu verspäten.

Des Weiteren drückt das Verbalnomen auf **-y** eine konkrete, auf eine handelnde Person bezogene Tätigkeit aus, die im Bereich der Gegenwart liegt, jedoch oft erst im unmittelbaren Anschluss an die gemachte Äußerung erfolgt. Die Personenbezeichnung erfolgt durch das jeweilige Possessivsuffix:

Бұл менің Қазақстанға бірінші рет келуім.	Dies ist das erste Mal, dass ich nach Kasachstan komme.
Сағат жетіде әйежайда болуым керек.	Es ist nötig, dass ich um sieben Uhr am Flughafen bin = ich muss um sieben Uhr am Flughafen sein.
Кітап алу үшін қайда баруым керек?	Wohin muss ich gehen, um Bücher zu kaufen?
Ертең біздікіге келуіңізді үміт етемін.	Ich hoffe, dass ihr morgen zu uns kommt.
Маған көмектесуіңізді өтінемін.	Ich bitte Sie, mir zu helfen.

Schließlich sind auf der Basis dieses Verbalnomens eine Reihe reiner Substantive entstanden:

келу	Ankunft	кету	Abfahrt
кіру	Eingang	шығу	Ausgang
сәлемдесу	Begrüßung	қоштасу	Abschied

2. Das Verbalsubstantiv auf **-ic**

Durch Anfügung des Suffixes **-ic** an Verbstämme entstehen Substantive, die in ihrer Bedeutung denjenigen auf **-y** ähneln:

ек-	säen	егіс	Aussaat
жүр-	gehen	жүріс	Fußmarsch
дем ал-	Atem schöpfen	демалыс	Urlaub, Ferien
шық-	hinaus-, hinaufgehen	шығыс	Aufgang, Osten
бат-	untergehen	батыс	Untergang, Westen

3. Das substantivische Verbalnomen auf -ген

Gelegentlich werden auch durch das Verbalnomen auf **-ген** allgemeine Tätigkeiten wiedergegeben, doch handelt es sich hier wohl im Unterschied zum Verbalnomen auf **-у** um eine dem Sprecher vertraute Beschäftigung:

Маған қазақ тілін тыңдаған ұнайды.	Es gefällt mir, die kasachische Sprache zu hören.
Мен тоғыз құмалақ ойнағанды жақсы көремін.	Ich liebe es, (das Spiel) „Toghyz kumalak" zu spielen.

Vor allem aber ist das Verbalnomen auf **-ген** die perfekt-präsentische Entsprechung des Verbalnomens auf **-у**, da hier die wiedergegebene Handlung bereits eingesetzt hat. Ob sie bereits abgeschlossen ist (Perfektbedeutung) oder noch andauert (Präsensbedeutung), ergibt sich aus dem Zusammenhang.

\-е, -і, -ө, -ү		-а, -ы, -о, -ұ	
істеген	төлеген	қараған	оқыған
істемеген	төлемеген	қарамаған	оқымаған
берген	түсінген	жазған	болған
бермеген	түсінбеген	жазбаған	болмаған
ішкен	күткен	аққан	ұшқан
ішпеген	күтпеген	ақпаған	ұшпаған

Die jeweils handelnden Personen werden durch die Possessivsuffixe, gelegentlich auch durch ein vorangestelltes Pronomen oder Substantiv, wiedergegeben. Durch Anfügung des Suffixes **-лік** (vgl. S. 103), insbesondere in den 3. Personen, erhält die beschriebene Handlung zudem einen etwas allgemeineren oder unbestimmteren Charakter:

Келгенің жақсы болды.	Es war gut, dass du gekommen bist.
Үйленгенім жоқ.	Dass ich geheiratet habe(n soll), trifft nicht zu.
Келмегенің өкінішті-ақ.	Es ist sehr bedauerlich, dass du nicht gekommen bist.
Айтқаныңыздың бәрін түсіндім.	Ich habe alles (von dem) verstanden, was Sie gesagt haben.

Der Dativ wird im Zusammenhang mit **ғафу өтін-** und **кешірім сұра-** *um Entschuldigung bitten*, **кешір-** *verzeihen*, **көп бол-** *lange her sein*, **қуанышты бол-** *erfreut sein*, **рахмет** *Dank* verwendet:

Сізбен танысқаныма куаныштымын.	Ich bin erfreut, Sie kennen gelernt zu haben/Sie kennen zu lernen.
Мені сіздікіне шакырғаныңызға рахмет.	Danke, dass Sie mich zu sich eingeladen haben.
Сізді күттіріп қойғаныма кешірім сұраймын.	Ich bitte um Entschuldigung, dass ich Sie habe warten lassen.
Көріспегенімізге үш ай болды.	Es sind drei Monate, dass wir uns nicht gesehen haben.

Hier sind es vor allem die Verben **айт-** *sagen*, **біл-** *wissen*, **есті-** *hören*, **жаз-** *schreiben*, **көр-** *sehen*, **көрсет-** *zeigen*, **қайтала-** *wiederholen*, **оқы-** *lesen*, **түсін-** *verstehen*, **үйрен-** *lernen, erfahren*, bei denen das Verbalnomen im Akkusativ steht:

Қазақша үйренгенімді білесің бе?	Weißt du, dass ich Kasachisch gelernt habe/lerne?
Сенің үйленгеніңді Асаннан естідім.	Ich habe von Hasan gehört, dass du geheiratet hast.
Мұраттың қалаға барғанын көрдім.	Ich habe gesehen, dass Murat in die Stadt gegangen ist.

Auf die gleiche Art werden Sätze wiedergegeben, die deutschen indirekten Fragesätzen entsprechen:

Мұраттың қайда барғанын көрдің бе?	Hast du gesehen, wohin Murat gegangen ist?
Оспанның келген-келмегенін білесің бе?	Weißt du, ob Osman gekommen ist (oder nicht)?

Der Lokativ des Verbalnomens gibt Temporalsätze wieder, die im Deutschen durch *als*, *wenn* eingeleitet werden:

Бүгін институттан шыққанда жолда Оспанға кездестім.	Als ich heute aus dem Institut gekommen bin, bin ich unterwegs Osman begegnet.

Ist das Subjekt der Nebenhandlung ein anderes als das der Haupthandlung, wird es zusätzlich an den Satzanfang gestellt:

| Асан Астанаға келгенде біз оған қаланы көрсеттік. | Als Hasan nach Astana gekommen ist, haben wir ihm die Stadt gezeigt. |

Hierher gehören auch die Zeitangaben mit *um* (vgl. S. 31):

| Сабақ сағат екіден он бес минут кеткенде басталады. | Der Unterricht beginnt, wenn an zwei Uhr fünfzehn Minuten vorbeigegangen sind = der Unterricht beginnt um fünfzehn Minuten nach zwei. |
| Сабақ сағат үшке он бес минут қалғанда басталады. | Der Unterricht beginnt, wenn bis drei Uhr fünfzehn Minuten bleiben = der Unterricht beginnt um fünfzehn Minuten vor drei. |

Mit Hilfe der Postposition **сайын** (vgl. S. 35) werden Sätze wiedergegeben, die im Deutschen mit *jedes Mal wenn, je … desto* eingeleitet werden:

| Досың осында келген сайын сені сұрайды. | Jedesmal, wenn dein Freund hierher kommt, fragt er nach dir. |

Verbunden mit **мен** *mit* entstehen Konzessivsätze, die im Deutschen mit *obwohl* beginnen:

| Басым ауырғанмен жұмысқа бардым. | Ich bin zur Arbeit gegangen, obwohl ich Kopfschmerzen hatte. |
| Жылы киімдерімді кигенмен бүкіл денем қалтылдап тұр. | Obwohl ich meine warmen Kleider angezogen habe, zittre ich am ganzen Körper. |

Kausalsätze werden entweder mit Hilfe der Postposition **үшін** oder durch den Ablativ wiedergegeben:

| Жұмыс істегенім үшін келе алмадым. | Ich konnte nicht kommen, weil ich gearbeitet habe. |

| Кешіккенім үшін кешірім сұраймын. | Ich bitte um Entschuldigung dafür, dass ich mich verspätet habe. |
| Жаңбыр жауғандықтан бүгін базарға бармадық. | Weil es geregnet hat, sind wir heute nicht zum Markt gegangen. |

Der Ablativ dient auch zur Wiedergabe eines Komparativs (vgl. S. 19):

| Бұл көйлек ойлағанымнан қымбат екен. | Dieses Hemd ist teurer als ich dachte. |

Mit Hilfe der Postpositionen **бері** *seit* und **кейін/соң** *danach* (vgl. S. 38) entstehen Temporalsätze, die im Deutschen durch *seit* bzw. durch *nachdem* eingeleitet werden:

| Астанаға келгеннен бері қонақ үйде тұрамыз. | Seit wir nach Astana gekommen sind, wohnen wir im Hotel. |

Während das Verbalnomen im Zusammenhang mit **кейін** im Ablativ steht, wird dieser bei Bildungen mit **соң** häufig weggelassen:

| Шай ішкеннен кейін сыртқа шығайық. | Lasst uns nach draußen gehen, nachdem wir Tee getrunken haben. |
| Біз шай ішкен соң қонақтар сыртқа шықты. | Nachdem wir Tee getrunken hatten, sind die Gäste nach draußen gegangen. |

Das substantivische Verbalnomen auf **-ген** des Hilfsverbs *sein* wird durch das eher statische **екен(дік)** oder auch das mehr dynamische **болған(дық)** wiedergegeben:

Менің кім екенімді білесің бе?	Weißt du, wer ich bin?
Ұлыңыздың мұғалім екенін/болғанын естідім.	Ich habe gehört, dass Ihr Sohn Lehrer ist/geworden ist.
Уақытым болмағандықтан мақаланы жазбадым.	Ich habe den Artikel nicht geschrieben, weil ich keine Zeit hatte.
Көршіміздің жаңа машинасы бар екенін көрдім.	Ich habe gesehen, dass unser Nachbar ein neues Auto hat.

4. Das Verbalnomen auf -ген als Partizip

Während das Verbalnomen auf **-ген** als Verbalsubstantiv eine Handlung wiedergibt, bezeichnet es als Partizip die jeweils handelnde Person. Dabei entspricht das Verbalnomen dem Partizip des Perfekt bzw. der Vorzeitigkeit; die deutsche Wiedergabe erfolgt in Form eines Relativsatzes.

Bei den folgenden Beispielen ist das auf das Partizip folgende Substantiv das Subjekt der Nebenhandlung; im Deutschen steht das Relativpronomen im Nominativ:

Бізді тамаққа шақырған көрші кім?	Wer ist der Nachbar, **der** uns zum Essen eingeladen hat?
Бізді тамаққа шақырған көршіні танымаймын.	Ich kenne den Nachbarn nicht, der uns zum Essen eingeladen hat.

Steht vor dem Partizip ein Substantiv mit dem Possessivsuffix der 3. Person und im Nominativ, ist dieses Wort das Subjekt des Nebensatzes. Die deutsche Übersetzung erfolgt, indem man das Relativpronomen in den Genitiv setzt:

Әкесі бізді тамаққа шақырған көрші кім?	Wer ist der Nachbar, **dessen Vater** uns zum Essen eingeladen hat?
Әкесі бізді тамаққа шақырған көршіні танымаймын.	Ich kenne den Nachbarn nicht, dessen Vater uns zum Essen eingeladen hat.

Steht vor dem Partizip ein Eigenname, ein Pronomen oder ein Substantiv im Nominativ, diesmal jedoch ohne Possessivsuffix der 3. Person, ist dies ebenfalls das Subjekt des Nebensatzes. Fehlt in diesem Fall die Angabe eines Objekts vor dem Partizip, wird dadurch das hinter dem Partizip stehende Substantiv zum Objekt der Nebenhandlung. Welchen Kasus das Verb, das die Partizipialform bildet, regiert, bleibt dabei unberücksichtigt:

Сен тамаққа шақырған көрші кім?	Wer ist der Nachbar, **den du** zum Essen eingeladen hast?
Сен тамаққа шақырған көршіні танымаймын.	Ich kenne den Nachbarn nicht, den du zum Essen eingeladen hast.

Steht in einem solchen Satz vor der Partizipialform ein Substantiv mit dem Possessivsuffix der 3. Person sowie in dem Kasus, den das betreffende Verb regiert, ist dieses das Objekt des Nebensatzes:

Сен әкесін тамаққа шақырған көрші кім?	Wer ist der Nachbar, **dessen Vater du** zum Essen eingeladen hast?
Сен әкесін тамаққа шақырған көршіні танымаймын.	Ich kenne den Nachbarn nicht, dessen Vater du zum Essen eingeladen hast.

Statt durch das vorausgestellte Pronomen oder Substantiv kann das Subjekt des Nebensatzes auch dadurch bezeichnet werden, dass man an das auf das Partizip folgende Substantiv das entsprechende Possessivsuffix anfügt:

Сен тамаққа шақырған көрші кім/ тамаққа шақырған көршің кім?	Wer ist der Nachbar, **den du** zum Essen eingeladen hast?

Bei Verben wie **де-** *sagen* kann das Partizip auch passive Bedeutung haben:

Мынау Каспий теңізі деген теңіз.	Dies ist das Meer, das Kaspisches Meer genannt wird.

Steht das Partizip attributiv vor einem Zeitbegriff, entstehen Temporalsätze, die im Deutschen durch *als* eingeleitet werden:

Сізді туған күніңізбен құттықтаймыз.	Wir beglückwünschen Sie zu dem Tag, an dem Sie geboren wurden.
Сен ұйықтаған кезде әкең телефон соғып сені сұрады.	Als du geschlafen hast, hat dein Vater angerufen und nach dir gefragt.

Adjektive einschließlich **бар** *vorhanden* und **жоқ** *nicht vorhanden* können als selbständige Partizipien eingesetzt werden:

Маған керек кітап осы.	Dies hier ist das Buch, das ich brauche.
Еті жоқ тамақ бар ма?	Gibt es ein Gericht, das kein Fleisch hat?

Das Partizip auf **-ген** kann seinerseits ebenfalls als Substantiv verwendet werden (vgl. hierzu auch seine Verwendung als Prädikatsnomen, S. 60):

Мені сұраған бар ма?	Gibt es jemanden, der nach mir gefragt hat?
Мен мұны жасаған жоқпын.	Ich bin es nicht, der das gemacht hat.
Көп жасаған білмес, көп көрген білер.	Derjenige, der viel/lange gelebt hat, weiß nicht; derjenige, der viel gesehen hat, weiß.
Мұрат үйленген(дей) көрінеді/ Мұрат үйленген сияқты.	Murat sieht aus wie einer, der geheiratet hat/ Murat ist wie einer, der geheiratet hat = Murat scheint geheiratet zu haben.
Мұрат үйленген болса керек.	Murat dürfte geheiratet haben/ verheiratet sein.

5. Das Verbalnomen auf -(i)п жатқан

Das Verbalnomen auf **-(i)п жатқан**, alternativ **-(i)п отырған**, **-(i)п тұрған** oder **-(i)п жүрген** (vgl. S. 54), drückt das Präsens bzw. die Gleichzeitigkeit mit der Haupthandlung aus:

Сенің оқып жатқаның қызық па?	Ist das, was du gerade liest, interessant?
Сен газет оқып отырғанда Айгүл не істеп отырды?	Was hat Aygül gemacht, während du Zeitung gelesen hast?

Есіктен кіріп жатқан мұғалімнің аты кім?	Wie heißt der Lehrer, der gerade zur Tür hereinkommt?
Теледидар қарап отырған қыз кім?	Wer ist das Mädchen, das gerade fern sieht?
Қорада ойнап жүрген балаларды көріп тұрсың ба?	Siehst du die Kinder, die im Hof spielen?
Сен күтіп тұрған пойыз қайда жүреді?	Wohin fährt der Zug, auf den du wartest?

Бұл сөйлеп тұрған кім?	Wer ist es, der da spricht?

6. Das Verbalnomen auf -етін/-йтін

Dieses Verbalnomen ist die präsens-futurische Entsprechung des Verbalnomens auf **-ген**. Es drückt einerseits eine in der Gegenwart längere Zeit andauernde oder regelmäßig wiederholte, gewohnheitsmäßige wie auch andererseits eine in der Zukunft liegende Handlung aus:

Мұраттың бүгін қалаға келетініне сенбеймін.	Ich glaube nicht, dass Murat heute in die Stadt kommt.
Айша маған ертең жүретінін айтты.	Ayscha hat mir gesagt, dass sie morgen abreisen wird.
Вокзалға немен баруға болатынын айтып жіберіңізші!	Sagen Sie bitte (geschwind), womit man zum Bahnhof kommt!
Сендердің мұғаліміңнің айтатынынан қорқпаңдар!	Habt keine Angst davor, was euer Lehrer sagen wird!

Ең жақын такси тұратын жер қайда екен?	Wo ist wohl der nächstgelegene Taxistand?
Мынау қала орталығына баратын көше ма?	Ist das hier die Straße, die ins Stadtzentrum führt?

Қонақтарымыз ертең келетін болса керек.	Unsere Gäste dürften morgen kommen.

7. Das Verbalnomen auf -(е)р/-мес

Das Verbalnomen auf **-(е)р/-мес** entspricht ebenso wie in seinem Gebrauch als Prädikatsnomen einem unbestimmten Präsens-Futur, das heißt, es steht nicht zweifelsfrei fest, ob die beschriebene Handlung tatsächlich einsetzen wird:

Бірінші айтарым: бақытты болыңдар!	Das erste, was ich sagen möchte: Werdet glücklich!
Біздің профессордың Алматыға барарын біраз студент білген еді.	Nur ein paar Studenten hatten gewusst, dass unser Professor möglicherweise nach Almaty gehen würde.

Айтарын айттым, Оспанның келер-келмесін білмеймін.	Was zu sagen war, habe ich gesagt; ob Osman kommt oder nicht, weiß ich nicht.

Im Lokativ entspricht es einem deutschen Temporalsatz mit *sobald*, *als*, *während*:

Біз үйден шығарда Айнұр келді.	Als wir gerade aus dem Haus gehen wollten, ist Aynur gekommen.
Жұмыстан қайтарда азық-түлік дүкенінен сүт пен нан алуды ұмытпа!	Vergiss nicht, im Lebensmittelgeschäft Milch und Brot zu kaufen, wenn du von der Arbeit zurückkommst!

Verbunden mit **алдында** entsteht ein Temporalsatz mit *bevor*:

Досың Астанадан кетер алдында әкеңе менен сәлем айт деді.	Bevor dein Freund aus Astana abgereist ist, hat er gesagt, dass ich meinem Vater einen Gruß von ihm sagen soll.

Im Zusammenhang mit der Postposition **үшін** dient die Form **мес-** als negative Entsprechung des Verbalnomens auf **-у**:

Балалар оянмас үшін ақырын сөйлейік.	Lasst uns leise sprechen, damit die Kinder nicht aufwachen.

Gelegentlich kann das Verbalnomen auch attributiv verwendet werden:

Кісі болар баланы ойынан таны,	Erkenne das Kind, das ein Mensch werden will/soll, an seinen Gedanken;
ат болар тайды бойынан таны!	erkenne das Fohlen, das ein Pferd werden will/soll, an seinem Wuchs!
Менің айтар сөзім осы.	Das ist das Wort, das ich sagen wollte.

X. Konverbien

Konverbien sind Verbformen, die dadurch entstehen, dass man an den Stamm eines Verbs ein bestimmtes Suffix anfügt und sie dann nicht weiter dekliniert oder konjugiert, so dass der Zeitpunkt sowie das Subjekt der auf diese Art wiedergegebenen Handlung erst aus einem folgenden Verb deutlich werden. Durch Konverbien werden im Wesentlichen Sachverhalte wiedergegeben, die deutschen Adverbialsätzen entsprechen (vgl. die Übersicht über die deutschen Nebensätze und ihre kasachischen Entsprechungen im Anhang, S. 116).

1. Das Konverb auf **-е/-й**

Dieses Konverb wird gebildet, indem man an den Stamm eines Verbs nach Konsonant **-е**, nach Vokal **-й** anfügt; es dient der Wiedergabe von Modalsätzen, die im Deutschen durch *indem*, *wobei*, *dadurch dass* oder auch durch ein adverbiales Partizip eingeleitet werden, d.h. die Handlung gibt den Begleitumstand der durch das Prädikat des Satzes wiedergegebenen Haupthandlung wieder. Durch Verdoppelung kann die Nebenhandlung intensiviert werden:

-е, -і, -ө, -ү		-а, -ы, -о, -ұ	
істей	төлей	қарай	оқи (оқый)
бере	түсіне	жаза	бола
іше	күте	аға	ұша

Балалар асыға үйден шықты.	Die Kinder sind eilig aus dem Haus gegangen.
Балалар асыға-асыға үйден шықты.	Die Kinder sind in großer Eile aus dem Haus gegangen.
Шақырғаныңызға рахмет, қуана-қуана келеміз.	Danke, dass Sie (uns) eingeladen haben, wir kommen mit dem größten Vergnügen.

2. Verbalkompositionen mit dem Konverb auf -e/-й

Eine wesentliche Eigenschaft dieses Konverbs besteht darin, dass es sich mit anderen Verben, die in diesem Zusammenhang zu Hilfsverben werden und dabei teilweise ihre ursprüngliche Bedeutung verlieren, zu Verbalkompositionen verbindet.

Verbunden mit **ал-** *nehmen* entstehen die Formen des Possibilitivs bzw. bei Verneinung des Impossibilitivs, wobei damit ausgedrückt wird, dass man in einer konkreten Situation die Fähigkeit oder Möglichkeit, etwas zu tun besitzt oder nicht besitzt:

Ертең біздікіге келе аласың ба?	Kannst du morgen zu uns kommen?
Өкінішке орай, мен келе алмаймын.	Ich kann leider nicht kommen.
Мен сізді түсінемін, бірақ еркін сөйлесе алмаймын.	Ich verstehe Sie, aber ich kann mich nicht frei unterhalten.

Demgegenüber wird durch **біл-** *wissen* das Erlernen einer Fähigkeit wiedergegeben:

Оқушылардың барлығы өздерін жақсы ұстай біледі.	Alle Schüler verstehen es, sich gut zu benehmen.

Um *beginnen zu* auszudrücken, verbindet sich das Konverb mit dem Verb **баста-**:

Мен қазақ тілін үйрене бастадым.	Ich habe angefangen, die kasachische Sprache zu lernen.

Durch die Verbindung mit dem Verb **бер-** *geben* wird vor allem im Rahmen eines Imperativs die Erlaubnis zu einer fortgesetzten, ruhig und ungehindert verlaufenden Handlung zum Ausdruck gebracht:

Кіре беріңізші!	Kommen Sie nur bitte herein!
Сөйлей берші!	Sprich bitte weiter!

Das Hilfsverb **жазда-** (**жаз-** *schreiben*) bringt zum Ausdruck, dass eine Handlung beinahe eingetreten wäre:

| Күлкіден өле жаздадық. | Wir wären vor Lachen fast gestorben. |
| Жұмысқа кешіге жаздадым. | Fast wäre ich zu spät zur Arbeit gekommen. |

Mittels **сал-** *legen, hineintun* wird wiedergegeben, dass sich eine Tätigkeit rasch und problemlos vollzieht:

| Терезені аша саласыз ба? | Würden Sie mal eben das Fenster öffnen? |

Тұр- *stehen* drückt aus, dass die geschilderte Handlung zeitlich befristet ist:

| Мені күте тұрыңызшы! | Warten Sie bitte kurz auf mich! |

Verbunden mit **түс-** *fallen* wird einerseits das plötzliches Einsetzen, andererseits auch die vorübergehende Fortführung einer Handlung zum Ausdruck gebracht:

| Отыра түс! | Setze dich hin und bleib sitzen! |

3. Das Konverb auf -(i)п

Dieses Konverb wird durch das Suffix **-(i)п** gebildet:

-е, -і, -ө, -ү		-а, -ы, -о, -ұ	
істеп	төлеп	қарап	оқып
беріп	түсініп	жазып	болып
ішіп	күтіп	ағып	ұшып

Einsilbige Verbstämme auf **-п** ersetzen diesen Konsonanten durch **у**:

| сеп-: сеуіп | streuen, säen | жап-: жауып | schließen |

Das Konverb wird eingesetzt, um bei aufeinanderfolgenden Handlungen die Wiederholung gleicher Suffixe zu vermeiden:

Автобусқа мініп қалаға бардым.	Ich bin in den Bus gestiegen und in die Stadt gefahren.
Автобусқа мініп қалаға барайық.	Lasst uns in den Bus steigen und in die Stadt fahren.

Ist die zweite Handlung verneint, bewirkt dies automatisch auch eine Verneinung der durch das Konverb ausgedrückten ersten Handlung:

Автобусқа мініп қалаға бармадық.	Wir sind nicht in den Bus gestiegen und in die Stadt gefahren.

Bisweilen lässt der Kontext auch die Wiedergabe als Temporal-, Kausal- oder Konzessivsatz zu:

Біз мейрамхананы көріп кірдік.	Wir haben das Restaurant gesehen und sind eingetreten = **als** wir das Restaurant sahen, sind wir eingetreten.
Мен көп оқып бәрін түсіндім.	Ich habe viel gelesen/gelernt und alles verstanden = **weil** ich viel gelernt habe, habe ich alles verstanden.
Кеше кешке дейін жол жүріп, айылға жете алмадық.	Wir sind gestern bis zum Abend gelaufen und haben das Dorf nicht erreichen können = **obwohl** wir gestern bis zum Abend gelaufen sind, haben wir das Dorf nicht erreichen können.

Zudem hat dieses Konverb teilweise dasjenige auf **-е/-й** abgelöst:

Балалар асығып үйден шықты.	Die Kinder haben sich beeilt und sind aus dem Haus gegangen = die Kinder sind eilig aus dem Haus gegangen.

Eine häufig gebrauchte Form ist **болып** in der Bedeutung (*in der Eigenschaft*) *als*:

Сіз кім болып істейсіз?	Als was (wörtl.: wer) sind Sie tätig?
Мұғалім болып істеймін.	Ich bin als Lehrer tätig.

4. Verbalkompositionen mit dem Konverb auf -(i)п

Mit Hilfe des Konverbs auf **-(i)п** lässt sich eine nahezu unbegrenzte Anzahl von Verben aneinander reihen:

Бір пияла шай алып келіп беріңіз!	Bitte holen Sie eine Schale Tee, kommen Sie und geben Sie sie (mir)!

Besonders häufig verwendete Verbindungen werden zu einer Verbform zusammengezogen:

алып бер-	*nehmen und geben*	wurde zu	әпер-	*hergeben*
алып бар-	*nehmen und hingehen*	wurde zu	апар-	*hinbringen*
алып кет-	*nehmen und weggehen*	wurde zu	әкет-	*fortbringen*
алып кел-	*nehmen und kommen*	wurde zu	әкел-	*her-, mitbringen*

Бір пияла шай әкеліп берейін бе?	Soll ich (Ihnen) eine Schale Tee bringen?

Als Hilfsverben eingesetzt machen die Verben **ал-** *nehmen* und **бер-** *geben* deutlich, dass die durch das Konverb wiedergegebene Handlung im Interesse einer Person erfolgt:

Менің мекен-жайымды жазып алыңыз!	Schreiben Sie (sich) meine Adresse auf!
Мекен-жайыңызды жазып беріңіз!	Schreiben Sie (mir) Ihre Adresse auf!

Durch **бар-** *gehen* wird vor allem eine schrittweise, langsame aber stetige Entwicklung der Handlung ausgedrückt:

Тұман сейіліп барады.	Der Nebel verzieht sich allmählich.

Das Verb **бол-** *werden* bringt das Beenden einer Handlung zum Ausdruck:

| Кітапты оқып болдым. | Ich habe das Buch zu Ende gelesen. |
| Тамақ ішіп/жеп болдыңдар ма? | Habt ihr fertig gegessen? |

Das Verb **жібер-** *schicken* drückt aus, dass die Handlung plötzlich und rasch erfolgt; häufig wird es auch zur Abschwächung eines Imperativs eingesetzt:

| Қыздар мені көріп күліп жіберді. | Die Mädchen brachen in Gelächter aus, als sie mich sahen. |
| Маған қаламыңды әперіп жіберші! | Reiche mir bitte einmal kurz deinen Stift herüber! |

Durch **жүр-** *gehen* wird hervorgehoben, dass sich die beschriebene Handlung über einen längeren Zeitraum erstreckt:

| Ұлымыз шетелде оқып жүреді. | Unser Sohn studiert im Ausland. |

Das Verb **кел-** *kommen* drückt nicht nur eine räumliche Bewegung zum Standort des Sprechers hin aus. Es kann auch verdeutlichen, dass sich eine Handlung bis in die Gegenwart erstreckt:

| Құстар ұшып келді. | Die Vögel sind herbeigeflogen gekommen. |
| Базарға барып келдік. | Wir sind zum Markt gegangen (und wieder gekommen) = wir waren bis eben auf dem Markt. |

Demgegenüber drückt **кет-** *weggehen* nicht nur eine räumliche Bewegung vom Standort des Sprechers fort aus, sondern gibt auch wieder, dass eine plötzliche und häufig als unangenehm empfundene Veränderung stattgefunden hat:

Құстар ұшып кетті.	Die Vögel sind weggeflogen.
Менің машинам бұзылып кетті.	Mein Auto ist kaputt gegangen.
Барлық билет сатылып кетті.	Alle Karten sind ausverkauft.

Verbunden mit **көр-** *sehen* entsteht die Bedeutung *probieren, versuchen*:

| Қазақтың ұлттық тамағын жеп көрейік. | Lasst uns das Nationalgericht der Kasachen probieren. |

Das Verb **қал-** *bleiben* drückt das Einsetzen einer Handlung und zugleich das Andauern des eingetretenen Zustandes aus. Die Negation des Hauptverbs erfolgt durch **-мей**:

| Сағатым тоқтап қалыпты. | Meine Uhr ist stehen geblieben. |
| Ғафу етіңіз, мен сізді түсінбей қалдым. | Verzeihen Sie, ich habe Sie nicht verstanden. |

Die Verwendung des Verbs **қой-** *setzen, stellen, legen* als Hilfsverb verleiht der beschriebenen Handlung einen gewissen Nachdruck:

| Маған есептеме қағазын дайындап қойыңызшы! | Bitte bereiten Sie die Rechnung für mich vor! |

Das Verb **өт-** *vorbeigehen* macht deutlich, dass die beschriebene Handlung nebenbei erfolgt/erfolgt ist:

| Мұғалім жер бетіндегі өзендердің ең ірілерін атап өтті. | Der Lehrer hat die größten der Flüsse auf der Erde erwähnt. |

Durch **сал-** *legen, hineintun* wird ausgedrückt, dass die Handlung ohne besondere Anstrengung durchgeführt wird/wurde:

| Біз қонақтарымызды қалаға жеткізіп салдық! | Wir haben unsere Gäste mal eben in die Stadt geführt. |

Das Verb **таста-** *werfen* zeigt an, dass die Handlung plötzlich oder auch gründlich durchgeführt wird/wurde:

| Тіс дәрігері бір тісімді жұлып тастады. | Der Zahnarzt hat mir einen Zahn gezogen. |

Тұр- *stehen* drückt aus, dass die geschilderte Handlung sich regelmäßig wiederholt:

| Бізге келіп тұрыңыздар! | Besuchen Sie uns regelmäßig! |
| Достарым маған телефон соғып тұрады. | Meine Freunde rufen mich regelmäßig an. |

Das Verb **шық-** *hinausgehen* gibt wieder, dass eine Handlung vom Anfang bis zum Ende durchgeführt wird/wurde:

| Кітапты оқып шықтым. | Ich habe das Buch ganz durchgelesen. |

Eine eigene Gruppe von Verbalkompositionen bilden die Präsensformen auf **-(і)п жатыр**, **-(і)п отыр**, **-(і)п тұр** und **-(і)п жүр** (vgl. S. 54).

5. Die Form деп

Eine besondere Funktion erfüllt die Konverbform **деп** des Verbs **де-** *sagen*. Hierbei sind zwei grundlegende Dinge vorauszuschicken: Zum einen bevorzugt das Kasachische die Wiedergabe direkter Reden, zum anderen hat auf eine solche direkte Rede immer eine Form des Verbs **де-** zu folgen:

| Досың не деді? | Was hat dein Freund gesagt? |
| Ол ертең келемін деді. | Er hat gesagt: „Ich komme morgen" = er hat gesagt, dass er morgen kommt. |

Soll auf das Zitat ein anderes Verb folgen, wird als Verbindung die Form **деп** eingeschoben. Zitatzeichen, die den Überblick erleichtern, werden in den kasachischen Texten oftmals nicht gesetzt. Die Form **деп** ist der einzige Hinweis darauf, dass an dieser Stelle ein Zitat endet; der Beginn des Zitats muss aus dem Kontext erschlossen werden:

| Қазақстан Республикасы қысқаша Қазақстан деп аталады. | Die kasachische Republik wird kurz Kasachstan genannt. |

Шешең бүгін базарға барасың ба деп сұрағанда сен не деп жауап бердің?	Was hast du geantwortet, als deine Mutter gefragt hat, **ob** du heute auf den Markt gehst?
Ұлыңыз ертең келеді деп естідім.	Ich habe gehört, **dass** euer Sohn morgen kommen wird.
Менің қызым қанша жаста деп ойлайсыз?	Was denken Sie, wie alt meine Tochter ist?
Әкем үйге бар, мен ертең келемін деп қалаға кетті.	Mein Vater ist mit den Worten: „Geh nach Hause, ich komme morgen", in die Stadt gefahren.

Enthält das Zitat die Begründung für die anschließende Handlung, kann es sich um einen Kausalsatz handeln:

Бүгін жұмысым көп деп базарға бара алмаймын.	Ich kann heute nicht auf den Markt gehen, **weil** ich viel zu tun habe.

Ist im Zitat eine Aufforderung enthalten, handelt es sich um einen Finalsatz:

Балалар оянмасын деп ақырын сөйлейік.	Lasst uns leise sprechen, **damit** die Kinder nicht aufwachen.

6. Die Konverbien auf **-мей** und **-местен**

Beide Konverbien dienen der Wiedergabe von Modalsätzen, die im Deutschen mit *ohne zu* beginnen. Ein geringfügiger Unterschied besteht darin, dass **-мей**, das negierte Konverb auf **-е/-й**, mit *ohne dabei zu ...* und **-местен**, das funktionsmäßig als Negation des Konverbs auf **-(i)п** angesehen werden kann, mit *ohne zuvor zu ...* zu übersetzen ist:

-е, -і, -ө, -ү		-а, -ы, -о, -ұ	
істемей	төлемей	қарамай	оқымай
істеместен	төлеместен	қарамастан	оқымастан
бермей	түсінбей	жазбай	болмай
берместен	түсінбестен	жазбастан	болмастан
ішпей	күтпей	ақпай	ұшпай
ішпестен	күтпестен	ақпастан	ұшпастан

Кітапты асықпай оқы!	Lies das Buch, ohne dich zu beeilen!
Кешікпей келіңдер!	Kommt, ohne euch zu verspäten = kommt nicht zu spät!
Есік қақпастан бөлмеге кірмеңдер!	Geht nicht ins Zimmer, ohne vorher an die Tür geklopft zu haben!
Маған айтпастан кетпе!	Gehe nicht fort, ohne es mir gesagt zu haben!

7. Das Konverb auf -гелі

Dieses Konverb dient in erster Linie der Wiedergabe von Finalsätzen, die im Deutschen durch *um zu* eingeleitet werden. Das Prädikat des Satzes ist meist ein Verb der Bewegung:

-е, -і, -ө, -ү		-а, -ы, -о, -ұ	
істегелі	төлегелі	қарағалы	оқығалы
істемегелі	төлемегелі	қарамағалы	оқымағалы
бергелі	түсінгелі	жазғалы	болғалы
бермегелі	түсінбегелі	жазбағалы	болмағалы
ішкелі	күткелі	аққалы	ұшқалы
ішпегелі	күтпегелі	ақпағалы	ұшпағалы

| Мен сендерді көргелі келдім. | Ich bin gekommen, um euch zu sehen. |
| Қызымыз ет алғалы базарға кетті. | Unsere Tochter ist auf den Markt gegangen, um Fleisch zu kaufen. |

Daneben gibt es Temporalsätze wieder, die im Deutschen mit *seit* beginnen:

| Әкеміз сені көрмегелі үш ай болды. | Es sind jetzt drei Monate, dass unser Vater dich nicht gesehen hat. |

Verbindet man **-гелі** mit dem Verb **жат-** *liegen*, entsteht die Bedeutung *im Begriff sein, etwas zu tun*:

| Біз үйден шығып базарға барғалы жатырмыз. | Wir sind im Begriff, aus dem Haus und auf den Markt zu gehen. |

8. Die Konverbien auf **-генше** und **-мейінше**

Das Konverb auf **-генше** dient der Wiedergabe vom Temporalsätzen, die im Deutschen durch *bis* oder auch *bevor* eingeleitet werden. Die negierte Entsprechung lautet **-мейінше** *solange nicht, ehe nicht*:

-е, -і, -ө, -ү		-а, -ы, -о, -ұ	
істегенше	төлегенше	қарағанша	оқығанша
істемейінше	төлемейінше	қарамайынша	оқымайынша
бергенше	түсінгенше	жазғанша	болғанша
бермейінше	түсінбейінше	жазбайынша	болмайынша
ішкенше	күткенше	аққанша	ұшқанша
ішпейінше	күтпейінше	ақпайынша	ұшпайынша

Мен келгенше күтпе!	Warte nicht, bis ich komme!
Көріскенше сау бол!	Bleib gesund, bis wir uns wiedersehen!
Қонақтарымыз келгенше шай демдейік.	Lasst uns Tee aufgießen, bevor unsere Gäste kommen.

Сендер үйге келмейінше тамақ ішпейміз.	Wir werden nicht essen, ehe ihr nicht nach Hause kommt.

Durch das Konverb auf **-генше** werden des Weiteren Modalsätze wiedergegeben, die mit *statt zu* beginnen:

Үйде отырғанша серуенге шығайық.	Lasst uns einen Spaziergang machen, statt zu Hause zu sitzen.

XI. Konjunktionen

Die am häufigsten verwendeten Konjunktionen sind:

және *und*:

| Бір ұлым және бір қызым бар. | Ich habe einen Sohn und eine Tochter. |

Durch **мен** *mit* (vgl. S. 34) wird eine stärkere Gemeinsamkeit als durch **және** zum Ausdruck gebracht. Stehen beide Substantive im gleichen Kasus, wird nur das zweite Substantiv dekliniert:

Бұлар ұлым мен қызым.	Dies sind mein Sohn und meine Tochter.
Ханымдар мен мырзалар!	(Meine) Damen und Herren!
Мен кеше Серік пен Болатты көрдім.	Ich habe gestern Serik und Bolat gesehen.

бірақ *aber*:

| Мен сізді түсінемін, бірақ еркін сөйлесе алмаймын. | Ich verstehe Sie, aber ich kann mich nicht frei unterhalten. |

немесе, әлде *oder*:
Während **немесе** in Aussagesätzen verwendet wird, ist der Gebrauch von **әлде** im Wesentlichen auf Alternativfragen beschränkt:

Достарымыз бүгін немесе ертең келеді.	Unsere Freunde werden heute oder morgen kommen.
Вокзалға метро немесе автобуспен баруға болады.	Zum Bahnhof kommt man mit der Metro oder mit dem Bus.
Не қалайсыз, шай ма әлде кофе ме?	Was wünschen Sie, Tee oder Kaffee?

де, да *auch, und*:

Сендер тауға барсаңдар, мен де барамын.	Wenn ihr in die Berge geht, gehe ich auch.
Жаңбыр жауды да жер көктеді.	Es hat geregnet, und (so) ist es grün geworden.

де ... де *sowohl ... als auch; weder ... noch*:

Меніңінім де сіңлім де бар.	Ich habe sowohl einen jüngeren Bruder als auch eine jüngere Schwester.
Менің інім де сіңлім де жоқ.	Ich habe weder einen jüngeren Bruder noch eine jüngere Schwester.

не ... не *weder ... noch*:

Не мен не сен бұл жерде тұрамыз.	Hier wohnen weder ich noch du.

я ... я entweder ... *oder*:

Машинаны я Азамат айдады я Айша айдады.	Entweder hat Azamat das Auto gefahren oder Ayscha.

түгіл *nicht (nur ... sondern auch)*:

Ол келген түгіл, көп нәрсе әкелді.	Nicht nur, dass er gekommen ist; er hat auch viele Sachen mitgebracht.
Киноға бармақ түгіл, саған баруға қолым тимейді.	Ich habe nicht nur nicht die Möglichkeit, ins Kino zu gehen, sondern auch nicht, zu dir zu kommen.

Das aus dem Persischen stammende Wort **егер** *wenn* kann an den Beginn von Konditionalsätzen gestellt werden, um von Anfang an deutlich zu machen, dass ein Konditionalsatz folgt:

Егер тауға барсаңдар, мен де барамын.	Wenn ihr in die Berge geht, gehe ich auch.

XII. Partikeln

Allen Partikeln ist gemeinsam, dass sie direkt hinter dem Wort stehen, auf das sie sich beziehen, und gleichzeitig die Betonung auf die jeweils letzte Silbe des unmittelbar vorausgehenden Wortes ziehen.

Für Fragen, die mit *ja* oder *nein* beantwortet werden, verwendet das Kasachische die Partikel **ме** (vgl. S. 28):

| Балалар үйде ме? | Sind die Kinder zu Hause? |

Demgegenüber kann die Partikel **ше** als eine Art Fragepartikel im Sinne von *wie steht es mit* an jeden Satzteil angefügt werden:

Қалайсыз?	Wie geht es Ihnen?
Жақсы, рахмет. Сіз ше?	Gut, danke. Und Ihnen?
Рахмет.	Danke.
Біз киноға бара жатырмыз, сендер ше?	Wir gehen ins Kino, und ihr?

Die Partikel **-ші** verleiht Aufforderungen, die durch den Imperativ oder eine konditionale Verbform gebildet werden, einen höflichen Nachdruck:

| Баяуырақ сөйлеңізші! | Sprechen Sie doch bitte langsamer! |
| Бір пияла шай әкеліп берсеңізші? | Wenn Sie mir bitte eine Schale Tee bringen würden ...? |

Die Partikel **ғой** folgt auf finite Verbformen. Sie wird eingesetzt, um im Falle einer gewissen Unsicherheit Zuversicht auszudrücken:

Сен білесің ғой!	Das weißt du doch!
Мен бұны саған айттым ғой!	Ich habe es dir doch gesagt!
Сендер оны көрмедіңдер ғой!	Ihr habt ihn ja gar nicht gesehen!
Ол әлі жас бала ғой!	Er ist doch noch ein kleines Kind!

-ақ schließlich dient dazu, eine Aussage zu verstärken, sie zu bestätigen oder auch einzuschränken:

Өкінішті-ақ!	Das ist aber bedauerlich!
Қазір-ақ келсем бола ма?	Ist es in Ordnung, wenn ich gleich jetzt komme?
Сендердің Астанаға барғандарыңды институтта бір-ақ адам білді.	Dass ihr nach Astana gefahren seid, wußte am Institut nur ein Mensch.

XIII. Wortbildung

Das Kasachische besitzt eine große Anzahl von Suffixen zur Bildung von Substantiven, Adjektiven, Adverbien und Verbstämmen auf der Basis bereits existierender Substantive, Adjektive, Adverbien und Verbstämme. Dabei kann es vielfach zu Suffixhäufungen kommen, denn gerade im Bereich der Wortbildung zeigt sich die Vorliebe für den geradezu spielerischen Umgang mit Suffixen, der alle Turksprachen auszeichnet. Alle Wortbildungselemente im Einzelnen aufzuführen, würde den Rahmen des vorliegenden Buches sprengen. Es soll daher nur eine repräsentative Auswahl vorgestellt werden.

1. Substantive auf -хана

Dieses Suffix ist ursprünglich ein aus dem Persischen stammendes selbständiges Wort für *Haus*, *Herberge*. Im Kasachischen dient es als Suffix zur Bezeichnung bestimmter Räumlichkeiten oder Gebäude:

шай	Tee	шайхана	Teehaus
кітап	Buch	кітапхана	Bibliothek
дәрі	Medikament	дәріхана	Apotheke
ауру	Krankheit, krank	аурухана	Krankenhaus
мейман	Gast	мейманхана	Gästehaus, Hotel
ас	Speise	асхана	Speiseraum, Küche

2. Substantive auf -ше

Das Suffix **-ше** wird an Substantive angefügt und bildet Diminutive:

кілем	(Web-)teppich	кілемше	kleiner Teppich
кітап	Buch	кітапша	Büchlein
бақ	Garten	бақша	kleiner Garten
кобди	Kiste, Truhe	кобдиша	Kästchen

3. Substantive auf -ші

Das Suffix **-ші** wird ebenfalls an Substantive angefügt; das so entstehende Wort bezeichnet eine Person, die sich berufs- oder gewohnheitsmäßig mit dem durch das Substantiv bezeichneten Begriff beschäftigt:

кілем	Teppich	кілемші	Teppichweber
күміс	Silber	күмісші	Silberschmied
кітапхана	Bibliothek	кітапханашы	Bibliothekar
жұмыс	Arbeit	жұмысшы	Arbeiter

Solche Bildungen sind auch dann möglich, wenn das zugrundeliegende Substantiv ein Verbalnomen ist (vgl. S. 74):

жіберу	schicken	жіберуші	Absender
сату	verkaufen	сатушы	Verkäufer
жазу	schreiben	жазушы	Schriftsteller
оқу	lesen, studieren	оқушы	Schüler

4. Substantive auf -гі

Fügt man **-гі** an Verbstämme, erhält man Substantive, die im Zusammenhang mit dem Verb **кел-** *kommen* dazu dienen, einem inneren Bedürfnis Ausdruck zu geben:

бер-	geben	бергі	der Wunsch zu geben
іш-	trinken	ішкі	der Wunsch zu trinken
жаз-	schreiben	жазғы	der Wunsch zu schreiben
ұш-	fliegen	ұшқы	der Wunsch zu fliegen

Менің сізді тамаққа шақырғым келеді.	Ich möchte Sie gerne zum Essen einladen.
Бір нәрсе ішкім келіп тұр.	Ich bekomme Lust, etwas zu trinken.
Бұл кітапты оқығым келді.	Ich habe Lust bekommen, dieses Buch zu lesen.
Бүгін жұмыс істегім келмейді.	Ich habe heute keine Lust, zu arbeiten.

5. Substantive und Adjektive auf -лік

Mit Hilfe des Suffixes -лік werden in erster Linie Abstrakta gebildet, die im Deutschen mehrheitlich auf *-heit*, *-keit*, *-schaft* oder *-tum* enden:

бір	eins	бірлік	Einheit
белгісіз	ungewiss	белгісіздік	Ungewissheit
биік	hoch	биіктік	Höhe
таза	sauber	тазалық	Sauberkeit
дайын	bereit	дайындық	Vorbereitung
дос	Freund	достық	Freundschaft

Durch Anfügung an Berufsbezeichnungen werden die Ausübung des betreffenden Berufs oder auch die zugehörige Dienststelle bezeichnet:

кілемші	Teppichweber	кілемшілік	Teppichweberei
аңшы	Jäger	аңшылық	Jägerei
оқытушы	Erzieher, Lehrer	оқытушылық	Lehrerberuf

Fügt man das Suffix an Ortsnamen an, bringt man die Abstammung von bzw. die Verbundenheit mit diesem Ort zum Ausdruck:

шетел	Ausland	шетелдік	ausländisch
Алматы	Almaty	Алматылық	aus Almaty

Des Weiteren bildet es Adjektive, die in stärkerem Maße als diejenigen auf -лі (vgl. S. 104) die Zugehörigkeit zu dem jeweiligen Begriff ausdrücken:

екі кісілік бөлме	ein Zimmer für zwei Personen
жеті күндік саяхат	eine siebentägige Reise

Sehr vereinzelt schließlich dient es zur Bildung von Begriffen des täglichen Gebrauchs:

сөз	Wort	сөздік	Wörterbuch
орын	Platz	орындық	Stuhl
оқу	lesen, studieren	оқулық	Lehrbuch

6. Adjektive auf -лі

Mit Hilfe dieses Suffixes werden aus Substantiven Adjektive gebildet:

белгі	Zeichen	белгілі	bekannt
дәм	Geschmack	дәмді	schmackhaft
күш	Kraft	күшті	kräftig
пайда	Nutzen	пайдалы	nützlich
ақыл	Verstand	ақылды	verständig, klug
бұлт	Wolke	бұлтты	bewölkt

7. Adjektive auf -сіз

Dieses Suffix ist die negative Entsprechung des Suffixes -лі. Es entspricht sowohl der deutschen Präposition *ohne* wie auch der Anfangssilbe *un-* und der Endung *-los*:

белгі	Zeichen	белгісіз	ungewiss
дәм	Geschmack	дәмсіз	fade
күш	Kraft	күшсіз	kraftlos, schwach
пайда	Nutzen	пайдасыз	nutzlos
ақыл	Verstand	ақылсыз	unklug, dumm
бұлт	Wolke	бұлтсыз	wolkenlos

8. Das Zugehörigkeitssuffix -гі/-кі

An den Lokativ angefügt entstehen durch dieses Suffix Adjektive, die das Vorhandensein an einem Ort zum Ausdruck bringen:

Кітапханамыздағы кідаптар өте қымбат.	Die Bücher in unserer Bibliothek sind sehr wertvoll.

Fügt man -кі an die Kurzform des Genitivs an, entstehen substantivierte Possessive. Sowohl der Vokal des Suffixes als auch derjenige des verkürzten Genitivs erhalten in diesem Zusammenhang ein helles **i**, das unverändert bleibt; obendrein wird das **н** des Genitivs in Angleichung an den Akkusativ auch nach **м**, **н** und **ң** zu **д** (vgl. S. 115). Bei der Deklination erhalten die Formen das pronominale **н:**

Бұл үй ұлымыздікі.	Dieses Haus ist (dasjenige) unseres Sohnes = dieses Haus gehört unserem Sohn.
Ертең біздікіне келесіз бе?	Kommen Sie morgen zu den Unsrigen/zu uns?
Сенің бөлмең менікінен кеңірек.	Dein Zimmer ist geräumiger als meines.

Schließlich tritt das Suffix an Substantive und Adverbien mit örtlicher und zeitlicher Bedeutung unmittelbar an und bildet aus ihnen Adjektive:

қазіргі	gegenwärtiger	ішкі	innerer
кешегі	gestriger	сыртқы	äußerer
бүгінгі	heutiger	алғашқы	erster
ертеңгі	morgiger	ақырғы	letzter

9. Das Äquativsuffix **-дей**

Das Suffix **-дей** entspricht in seiner Anwendung der Postposition **сияқты** (*genau*) *wie* (vgl. S. 35); daneben dient es auch der Wiedergabe einer geschätzten Menge:

| Қауындар қандай? Олар балдай тәтті. | Wie sind die Zuckermelonen? Sie sind süß wie Honig. |
| Институтта жүздей студент оқиды. | Im Institut studieren etwa hundert Studenten. |

An Verbalnomina angefügt dient es der Wiedergabe von Komparativsätzen, wobei dieses *wie* auch zu einem *wie wenn*, *als ob* in irrealen Vergleichssätzen werden kann:

| Сіздің айтқаныңыздай болды. | Es hat sich so zugetragen, wie Sie gesagt haben/hatten. |
| Қызымыз ештеме болмағандай күліп отыр. | Unsere Tochter lacht, als sei nichts geschehen. |

Кемпір жерден алтын тапқандай қуанды.	Die alte Frau freute sich wie jemand, der Gold im Boden gefunden hat = die alte Frau freute sich, als hätte sie Gold im Boden gefunden.
Достарымыз бізді ұмытпағандай көрінеді.	Unsere Freunde sehen aus wie solche, die uns nicht vergessen haben = es sieht aus, als hätten uns unsere Freunde nicht vergessen.

10. Das Äquativsuffix **-ше**

Dieses Suffix entspricht den deutschen Präpositionen *gemäß, (nach Art) wie*. Es dient zum Ausdruck der Qualität einer Person, Sache oder Handlung; Personalpronomina stehen in diesem Zusammenhang im Genitiv:

Менінше/менің ойымша, ертең жаңбыр жаумас.	Nach meiner Ansicht wird es morgen nicht regnen.
Менің білуімше ұлымыз ертең Астанаға барады.	Soweit ich weiß, wird unser Sohn morgen nach Astana fahren.
Естігенімізше сендер кеше келіпсіңдер.	Soweit wir gehört haben, seid ihr gestern gekommen.
Тоты құс адамша сөйлейді.	Der Papagei spricht wie ein Mensch.

Durch Anfügung an Nationalitätsbezeichnungen entstehen die dazugehörigen Sprachbezeichnungen:

неміс	Deutscher	немісше	auf Deutsch
өзбек	Usbeke	өзбекше	auf Usbekisch
қазақ	Kasache	қазақша	auf Kasachisch
орыс	Russe	орысша	auf Russisch

11. Verbstämme auf -ле

Durch Anfügung des Suffixes **-ле** an Substantive und Adjektive entstehen Verbstämme:

белгі	Zeichen	белгіле-	kennzeichnen
гүл	Blume	гүлде-	blühen
іс	Angelegenheit	істе-	machen, tun
таза	sauber, rein	тазала-	säubern, reinigen
дайын	bereit	дайында-	vorbereiten
бас	Kopf, Anfang	баста-	beginnen

12. Reflexive Verbstämme

Das Suffix zur Bildung reflexiv erweiterter Verbstämme lautet **-(i)н**:

ки-	anziehen	киін-	sich anziehen
көр-	sehen	көрін-	sich zeigen, erscheinen
шеш-	lösen, ausziehen	шешін-	sich ausziehen
жу-	waschen	жуын-	sich waschen
тара-	kämmen	таран-	sich kämmen

Zu dieser Gruppe zählen auch Verben mit der reflexiven Form von **-ле**:

үй	Haus	үйлен-	heiraten (m.)
әрекет	Aktion, Handlung	әрекеттен-	handeln, vorgehen
шұғыл	Beschäftigung	шұғылдан-	sich beschäftigen
тамақ	Essen, Speise	тамақтан-	speisen

13. Reziproke Verbstämme

Das Suffix zur Bildung reziproker Verbstämme lautet **-(i)с**:

кел-	kommen	келіс-	übereinkommen
көр-	sehen	көріс-	sich sehen
таны-	kennen	таныс-	sich kennen
жаз-	schreiben	жазыс-	sich schreiben

Hierzu zählen auch Verben mit der reziproken Form von **-ле**:

әңгіме	Gespräch	әңгімелес-	sich unterhalten
кез	Zeitpunkt	кездес-	sich treffen
сәлем	Gruß	сәлемдес-	sich begrüßen
қойын	Brust	қойындас-	sich umarmen
қош	angenehm, wohl	қоштас-	sich verabschieden

Neben seiner reziproken Bedeutung hat dieses Suffix auch kooperative Bedeutung:

жаз-	schreiben	жазыс-	gemeinsam schreiben
күл-	lachen	күліс-	miteinander lachen
ойна-	spielen	ойнас-	miteinander spielen
оқы-	lesen	оқыс-	gemeinsam lesen
отыр -	sitzen	отырыс-	zusammensitzen
сөйле-	sprechen	сөйлес-	sich unterhalten

14. Kausative Verbstämme

Das Kasachische kennt mehrere Kausativsuffixe; es lassen sich nur annäherungsweise Regeln dafür aufstellen, welches Suffix an einen bestimmten Verbstamm anzuschließen ist.

Das Suffix **-гіз** folgt auf einsilbige Verbstämme, die auf die Konsonanten **и**, **р**, **т**, **ш** oder auf Vokal enden:

ки-	anziehen	кигіз-	anziehen lassen
кір-	eintreten	кіргіз-	eintreten lassen
жүр-	gehen	жүргіз-	in Gang setzen
өт-	vorbeigehen	өткіз-	verbringen (Zeit)
жет-	gelangen, erreichen	жеткіз-	tragen, überbringen
іш-	trinken	ішкіз-	zu trinken geben
же-	essen	жегіз-	zu essen geben

Demgegenüber folgt das Kausativsuffix **-т** auf mehrsilbige Verbstämme, die auf Vokal oder die Konsonanten **-й**, **-л** oder **-р** enden:

тоқта-	stehen bleiben	тоқтат-	anhalten
оқы-	lesen, studieren	оқыт-	lehren
ұна-	gefallen	ұнат-	mögen, gerne haben
көбей-	mehr werden	көбейт-	vermehren
жоғал-	verloren gehen	жоғалт-	verlieren
шақыр-	rufen, einladen	шақырт-	rufen lassen

Zu dieser Gruppe gehören auch Verben mit der kausativen Form von **-ле**:

сөйле-	sprechen	сөйлет-	sprechen lassen
тазала-	säubern	тазалат-	säubern lassen

Das Suffix **-дір** folgt auf einsilbige sowie auf diejenigen konsonantisch auslautenden mehrsilbigen Verbstämme, die nicht auf **-л** oder **-р** enden:

біл-	wissen	білдір-	wissen lassen
сөн-	verlöschen	сөндір-	auslöschen
күт-	warten	күттір-	warten lassen
түсін-	verstehen	түсіндір-	erklären
қуан-	sich freuen	қуандыр-	erfreuen
қызық-	sich interessieren	қызықтыр-	interessieren

Bei einigen einsilbigen Verbstämmen, die auf einen stimmlosen Konsonanten enden, entfällt der Anfangskonsonant des Kausativsuffixes; bei zwei von ihnen erhält das Suffix darüber hinaus den Vokal **-а**:

піс-	reifen, kochen	пісір-	backen, kochen (tr.)
өс-	wachsen, gedeihen	өсір-	aufziehen, züchten
біт-	enden	бітір-	beenden
ұш-	fliegen	ұшыр-	fliegen lassen

қайт-	zurückkehren	қайтар-	zurückgeben
шық-	hinausgehen	шығар-	herausholen

15. Das Passiv

Für die meisten Verben lautet das Passivsuffix **-(i)л**:

бер-	geben	беріл-	gegeben werden
көр-	sehen	көріл-	gesehen werden
сат-	verkaufen	сатыл-	verkauft werden

есті-	hören	естіл-	gehört werden
ата-	nennen	атал-	genannt werden
оқы-	lesen	оқыл-	gelesen werden

Endet der Verbstamm auf **-л**, lautet das Passivsuffix **-ін**:

біл-	wissen	білін-	gewusst werden
бөл-	teilen	бөлін-	geteilt werden
сал-	setzen, erbauen	салын-	erbaut werden

Verbstämme auf **ле-** erhalten als Passivsuffix lediglich ein **-н**:

тәрбиеле-	erziehen	тәрбиелен-	erzogen werden
тазала-	säubern	тазалан-	gesäubert werden

Diejenigen Verbstämme auf **ле-**, bei denen das ursprüngliche л zu д bzw. zu т zu geworden ist, erhalten zur Passivbildung ein **-л**:

дайында-	vorbereiten	дайындал-	vorbereitet werden
баста-	beginnen	бастал-	beginnen (intr.)

Die deutsche Präposition *durch, von* wird durch **арқылы** *mit Hilfe, durch* (vgl. S. 35) oder durch **тарап** *Seite*, ergänzt um Possessiv- und Ablativsuffix, wiedergegeben. Dabei entfällt bei der 3. Person das Genitivsuffix:

Кеш оқушылар арқылы ұйымдастырылды.	Der Abend wurde durch die Schüler organisiert.
Оқушылар мұғалім тарапынан мақталды.	Die Schüler wurden vom Lehrer gelobt.

XIV. Wortfolge

In Sätzen mit **бар** *vorhanden* und **жоқ** *nicht vorhanden* als Prädikatsnomina wird berichtet, dass es etwas gibt bzw. nicht gibt. Entsprechend werden vor der Nennung des Subjekts der zeitliche und räumliche Rahmen angegeben. Dies gilt auch in denjenigen Fällen, in denen **бар** und **жоқ** durch Formen von **бол-** ersetzt werden. Das Prädikat steht im Kasachischen am Satzende:

Бұл дүкенде әрдайым жаңа жеміс бар.	In diesem Laden gibt es immer frisches Obst.
Ертең біздің ауылда той болады.	Morgen gibt es bei uns im Dorf ein Hochzeitsfest.

In allen übrigen Sätzen steht das Subjekt des Satzes, sofern es sich um eine 3. Person handelt, am Satzanfang; erst danach folgen Zeitangabe, Objekte und Prädikat. Attribute stehen dabei stets vor dem dazugehörigen Substantiv und bleiben undekliniert:

Досым кеше жаңа машинасымен ауылға кетті.	Mein Freund ist gestern mit seinem neuen Auto ins Dorf gefahren.

Ein wesentliches Charakteristikum des Kasachischen ist die Tatsache, dass es – abgesehen von Konditionalsätzen – keine Nebensätze bildet. Zum einen verwendet es Verbalnomina, die attributiv vor ein Substantiv gestellt werden (vgl. S. 81 ff.); auf der anderen Seite drückt es Nebenhandlungen durch Konverbien aus (vgl. S. 86 ff):

Алматыда жұмыс істеген досым жаңа машинасымен кеше ата-анасы тұрған ауылға кетті.	Mein Freund, der in Almaty arbeitet, ist gestern mit seinem neuen Auto ins Dorf gefahren, in dem seine Eltern leben.
Досым кеше жаңа машинасымен бізге айтпастан ата-анасын көргелі ауылға кетті.	Mein Freund ist gestern, ohne es uns zu sagen, mit seinem neuen Auto ins Dorf gefahren, um seine Eltern zu sehen.

Алматыда жұмыс істеген досым кеше жаңа машина сатып алғаннан кейін бізге айтпастан ата-анасын көргелі ауылға кетті.	Mein Freund, der in Almaty arbeitet, ist gestern, nachdem er sich ein neues Auto gekauft hatte, ohne es uns zu sagen, ins Dorf gefahren, um seine Eltern zu sehen.

Ist das Subjekt des Satzes eine 1. oder 2. Person, ist sie Teil des Prädikats und steht damit am Ende des Satzes:

Кеше жаңа машина сатып алғаннан кейін ата-анамды көргелі ауылға кеттім.	Ich bin gestern, nachdem ich ein neues Auto gekauft hatte, ins Dorf gefahren, um meine Eltern zu sehen.

Derjenige Teil, der im Deutschen dem Hauptsatz entspricht, steht im Kasachischen am Ende des Satzes. Bei der Übersetzung ins Deutsche empfiehlt es sich daher, zuerst den Satzteil nach einem Partizip oder Konverb als Hauptsatz zu übersetzen und anschließend den davor liegenden Teil einschließlich dem Partizip bzw. Konverb durch einen Nebensatz aufzulösen:

Бізді тамаққа шақырған / көрші кім?	Wer ist der Nachbar, der uns zum Essen eingeladen hat?
Сендер тамаққа шақырған / көрші кім?	Wer ist der Nachbar, den ihr zum Essen eingeladen habt?
Есік қақпастан / бөлмеге кірме!	Gehe nicht ins Zimmer, ohne vorher an die Tür geklopft zu haben!
Сендер үйге келмейінше / тамақ ішпейміз.	Wir werden nicht essen, ehe ihr nicht nach Hause kommt.
Үйде отырғанша / серуенге шығайық.	Lasst uns (lieber) einen Spaziergang machen, statt zu Hause zu sitzen.

Wie entscheidend die Wortfolge für das Verständnis eines Satzes ist, sollen die folgenden Beispiele veranschaulichen:

Оқушы кітап оқыған.	Der Student hat ein Buch gelesen.
Кітап оқыған оқушы ...	Der Student, der ein Buch gelesen hat, ...
Оқушы оқыған кітап ...	Das Buch, das der Student gelesen hat, ...

Anhang

Übersichten über die kasachischen Suffixe

Suffixe, die Vokalharmonie 1 folgen (vgl. S. 3):	
-(е)р	Partizip sowie Themasuffix unbestimmtes Futur (S. 50, 84)
-ге	Dativ (S. 9)
-гелі	Konverb (S. 95)
-ген	Verbalnomen sowie Themasuffix Perfekt (S. 60, 77 ff.)
-генше	Konverb (S. 96)
-де	Lokativ (S. 10)
-дей	Äquativ (S. 105)
-ден	Ablativ (S. 11)
-е/-й	Konverb und Themasuffix Präsens-Futur (S. 46, 86)
-ейік	Optativ 1. Person Plural nach Konsonant (S. 66)
-ейін	Optativ 1. Person Singular nach Konsonant (S. 66)
-етін	Verbalnomen Präsens-Futur und Themasuffix (S. 48, 84)
-еу	Kollektivsuffix (S. 30)
-ле	Verbbildung (S. 107, 115)
-леген	Approximativzahl (S. 30, 115)
-лер	Plural (S. 8, 115)
-лері	Possessiv 3. Person Plural (S. 15)
-леріӊ	Possessiv 2. Person Plural (S. 12)
-леріӊіз	Possessiv 2. Person Plural formell (S. 12)
-ме	Negation (S. 44, 115)
-мейінше	Konverb (S. 96)
-мек(ші)	Themasuffix Absicht (S. 52, 115)
-мес	Partizip sowie neg. Themasuffix unbestimmtes Futur (S. 50, 84)
-местен	Konverb (S. 95)
-рек	Komparativ nach Vokal (S. 19)
-се	Konditionale Personalendung 3. Person (S. 70)
-сек	Konditionale Personalendung 1. Person Plural (S. 70)
-сем	Konditionale Personalendung 1. Person Singular (S. 70)
-сеӊ	Konditionale Personalendung 2. Person Singular (S. 70)
-сеӊдер	Konditionale Personalendung 2. Person Plural (S. 70)

-сеңіз	Konditionale Personalendung 2. Person Singular formell (S. 70)
-сеңіздер	Konditionale Personalendung 2. Person Plural formell (S. 70)
-ше	Substantivbildung (S. 101)
-ше	Äquativ (S. 106)

Suffixe, die Vokalharmonie 2 folgen (vgl. S. 3) :	
-(i)л	Passiv (S. 110)
-(i)м	Possessiv 1. Person Singular (S. 12)
-(i)міз	Possessiv 1. Person Plural (S. 12)
-(i)н	Passiv, Reflexiv (S. 107, 110)
-(i)ң	Possessiv 2. Person Singular (S. 12)
-(i)ңдер	Imperativ 2. Person Plural (S. 64)
-(i)ңіз	Imperativ 2. Person Singular formell (S. 64)
-(i)ңіз	Possessiv 2. Person Singular formell (S. 12)
-(i)ңіздер	Imperativ 2. Person Plural formell (S. 64)
-(i)нші	Ordinalzahlen (S. 32)
-(i)п	Konverb und Themasuffix unbestimmtes Perfekt (S. 62, 88)
-(i)с	Reziprok- und Kollektivsuffix (S. 107)
-(с)і	Possessiv 3. Person Singular (S. 15)
-гі	Substantivbildung (S. 102)
-гі/-кі	Zugehörigkeitssuffix (S. 104, 115)
-гіз	Kausativ (S. 108)
-ді	Personalendung 3. Person (S. 45, 58)
-дік	Perfektische Personalendung 1. Person Plural (S. 58)
-дім	Perfektische Personalendung 1. Person Singular (S. 58)
-дің	Perfektische Personalendung 2. Person Singular (S. 58)
-діңдер	Perfektische Personalendung 2. Person Plural (S. 58)
-діңіз	Perfektische Personalendung 2. Person Singular formell (S. 58)
-діңіздер	Perfektische Personalendung 2. Person Plural formell (S. 58)
-дір	Kausativ (S. 109)
-ір	Kausativ (S. 109)
-ірек	Komparativ nach Konsonant (S. 19)
-йік	Optativ 1. Person Plural nach Vokal (S. 66)
-йін	Optativ 1. Person Singular nach Vokal (S. 66)
-йтін	Verbalnomen Präsens-Futur und Themasuffix (S. 48, 84)
-лі	Adjektivbildung (S. 104, 115)
-лік	Substantiv- und Adjektivbildung (S. 103, 115)

-міз	Präsentische Personalendung 1. Person Plural (S. 39, 115)
-мін	Präsentische Personalendung 1. Person Singular (S. 39, 115)
-ні	Akkusativ (S. 10, 115)
-ніӊ	Genitiv (S. 8, 115)
-сіз	Adjektivbildung (S. 104)
-сіз	Präsentische Personalendung 2. Person Singular formell (S. 39)
-сіздер	Präsentische Personalendung 2. Person Plural formell (S. 39)
-сін	Imperativ 3. Person (S. 65)
-сіӊ	Präsentische Personalendung 2. Person Singular (S. 39)
-сіӊдер	Präsentische Personalendung 2. Person Plural (S. 39)
-ші	Substantivbildung (S. 102)

Suffixe, die ihre Anfangskonsonanten л, м und н verändern:						
	nach Vokal	nach й, р, у	nach л	nach з, ж	nach м, н, ӊ	nach к, қ, п, с, т, ф, х, ш
Verbbildung	-ле	-ле	-де	-де	-де	-те
Approximativzahl	-леген	-леген	-деген	-деген	-деген	-теген
Plural	-лер	-лер	-дер	-дер	-дер	-тер
Adjektivbildung	-лі	-лі	-ді	-ді	-ді	-ті
Substantivbildung	-лік	-лік	-дік	-дік	-дік	-тік
Fragepartikel	ме	ме	ме	бе	бе	пе
Negation	-ме	-ме	-ме	-бе	-бе	-пе
Themasuffix	-мек	-мек	-мек	-бек	-бек	-пек
Postposition	-мен	-мен	-мен	-бен	-мен	-пен
Personalendung	-мін	-мін	-мін	-бін	-мін	-пін
Personalendung	-міз	-міз	-міз	-біз	-біз	-піз
Akkusativ	-ні	-ді	-ді	-ді	-ді	-ті
Zugehörigkeit	-нікі	-дікі	-дікі	-дікі	-дікі	-тікі
Genitiv	-ніӊ	-діӊ	-діӊ	-діӊ	-ніӊ	-тіӊ

Die deutschen Nebensätze und ihre kasachischen Entsprechungen

als (temporal)	-се (S. 72), -генде (S. 78), -ген кезде (S. 82)
als ob (modal)	-гендей (S. 105)
bevor (temporal)	-(е)р алдында (S. 85), -генше (S. 96)
bis (temporal)	-генше (S. 96)
damit, dass (final)	-у үшін (S. 75), деп (S. 94)
dass-Sätze	-у, -ген (S. 76 ff.), деп (S. 93)
ehe nicht (temporal)	-мейінше (S. 96)
indem (modal)	-е/-й (S. 87)
indirekte Fragesätze	-ген (S. 78)
Infinitiv mit *zu*	-у (S. 74 f.), -ген (S. 77)
immer wenn (temporal)	-ген сайын S. (S. 80)
je ... desto (modal)	-ген сайын S. (S. 80)
nachdem (temporal)	-геннен кейін, -ген соң S. (S. 80)
ob	-ген-мегені (S. 78), деп (S. 94)
obwohl (konzessiv)	-се де (S. 71), -генмен (S. 79)
ohne zu (modal)	-мей, -местен (S. 94)
Relativsätze	-ген (S. 81 ff.)
seitdem (temporal)	-геннен бері (S. 80), -гелі (S. 95)
sobald (temporal)	-(е)рде (S. 85)
solange nicht (temporal)	-мейінше (S. 96)
soweit (modal)	-генімше (S. 106)
statt dass, statt zu	-генше (S. 96)
um zu (final)	-у үшін (S. 75), деп (S. 94)
während (temporal)	-(і)п жатқанда (S. 83)
weil (kausal)	-генім үшін (S. 79), -(і)п 89, деп (S. 94)
wenn (temporal)	-се (S. 72), -(е)рде (S. 85)
wenn (konditional)	-се (S. 70)
wenn auch (konzessiv)	-се де (S. 71)
wie (modal)	-гендей (S. 105)
wobei (modal)	-е/-й (S. 87)

Alphabetisches Vokabelverzeichnis

а

автобус	Bus
ағу (ақ-)	fließen
адам	Mensch
аз	wenig
ай	Monat
айдау	fahren, steuern
айту	sagen
ақ	weiß
ақша	Geld
ақыл	Verstand
ақылды	verständig, klug
ақылсыз	unklug, dumm
ақын	Dichter
ақырғы	letzter
ақырын	leise
алу	nehmen, holen
алғашқы	erster
алд	Vorderseite
алдымен	zuerst
алдыңғы күні	vorgestern
алма	Apfel
алпыс	sechzig
алты	sechs
алтын	Gold
алыс	weit entfernt
ана жерде	da, dort
ана(у)	der dort
Англия	England
анда	da, dort, dorthin
анда-санда	ab und zu
аңшы	Jäger
аңшылық	Jägerei
апа	ältere Schwester
апару	hinbringen
апта	Woche
апа	Zwischenraum
арқылы	mittels, per, durch
армандау	träumen, wünschen
арт	Rückseite
архив	Archiv
ас	Essen
аса	äußerst, überaus
аспан	Himmel
аст	Unterseite
астам	mehr
асхана	Speiseraum, Küche
асығу (асық-)	sich beeilen
ат	Pferd
ат	Vorname
атау	nennen
ата-ана	Eltern
аттану	aufbrechen
аудару	übersetzen
аудитория	Auditorium
ауру	Krankheit, krank
аурухана	Krankenhaus
ауыз (-узы)	Mund
ауыл (-улы)	Dorf
ауыру	schmerzen
ашу	öffnen
ашық	offen
аяқ	Bein, Fuß
айалдама	Haltestelle

ә

әбден	vollkommen
әзірлену	sich vorbereiten
әдемі	schön, hübsch
әйежай	Flughafen
әйел	Frau, Ehefrau
әке	Vater

әкелу	her-, mitbringen
әкету	fortbringen
әлде	oder
әлде кім	irgendwer
әлдеқайда	irgendwo(hin)
әлі	noch
әне	sieh da
әңгіме	Gespräch
әңгімелесу	sich unterhalten
әперу	hergeben
әр	jeder
әр жерде	überall
әрдайым	immer
әрекет	Aktion, Handlung
әрекеттену	handeln, vorgehen
әрқашан	immer
әш қайда	nirgends

б

базар	Markt
бақ	Garten
бақша	kleiner Garten
бақыт	Glück
бақытты	glücklich
бал	Honig
бала	Kind
бар	vorhanden
бару	(hin)gehen
бас	Kopf, Anfang
басқа	anderer, außer
басталу	beginnen (intr.)
бастау	anfangen, beginnen
бастап	angefangen von
батыс	Untergang, Westen
бату	untergehen
баяу	langsam
бәлкім	vielleicht
бәрі	alle, alles
бекерге	vergebens
белгі	Zeichen
белгілеу	kennzeichnen
белгілі	bekannt
белгісіз	ungewiss
белгісіздік	Ungewissheit
беру	geben
берекет	Segen
бері	seit
бес	fünf
биік	hoch
биіктік	Höhe
билет	Eintrittskarte
бой	Statur, Wuchs
бойынша	aufgrund, zufolge
болу	werden, sein
бос	leer, frei
бөлме	Zimmer
бөлу	teilen
бұзылу	kaputt gehen
бұл	dieser
бұл жерде	hier
бұлт	Wolke
бұлтсыз	wolkenlos
бұлтты	bewölkt
бұрылу	abbiegen
бұрын	vorher, davor
былтыр	letztes Jahr
бүгін	heute
бүгінгі	heutig
бүкіл	ganz
бүрсігүні	übermorgen
бүтін	Ganzes
біз	wir
білдіру	wissen lassen
білу	wissen
білім	Wissen, Bildung
білімсіз	ungebildet

бір	eins	дейін	bis
бір-бір	einander	дем алу	Atem schöpfen
біраз	ein paar	демалыс	Urlaub, Ferien
бірақ	aber	демдеу	aufgießen (Tee)
бірге	zusammen	дене	Körper
бірдеме	etwas	деу	sagen
бірдеңе	etwas	директор	Direktor
біреу	einer, jemand	домбыра	Dombra
бірлік	Einheit		(Saiteninstrument)
біту	enden	домбырашы	Dombraspieler
бітіру	beenden	дос	Freund
		достық	Freundschaft
	в	дұрыс	richtig
вокзал	Bahnhof	дүйсенбі	Montag
		дүкен	Laden
	г		
газет	Zeitung		**е**
гүл	Blume	егіс	Aussaat
гүлдеу	blühen	егу (ек-)	säen
		екен	(Dubitativpartikel)
	ғ	екі	zwei
ғасыр	Jahrhundert	елу	fünfzig
ғафу	Entschuldigung	емес	nicht
ғой	doch wohl	ең	am meisten
		еңбек	Arbeit, Werk
	д	еңбек ету	arbeiten, tätig sein
дайын	gerichtet, bereit	еңбекшіл	fleißig
дайындау	vorbereiten	енді	jetzt, nun
дайындық	Vorbereitung	ер	Mann, männlich
дала	Steppe	еркін	frei
дәм	Geschmack	ерте	früh
дәмді	schmackhaft	ертеде	früher, in alter Zeit
дәмсіз	fade	ертең	morgen
дәптер	Heft	есек	Esel
дәрі	Medizin	есептеу	zählen, rechnen
дәрігер	Arzt	есік	Tür
дәріхана	Apotheke	есту (есті-)	hören
де	und, auch	ет	Fleisch

Anhang

ешкім	niemand	жетпіс	siebzig
ешқашан	niemals	жету	erreichen
ешнерсе	nichts	жеті	sieben
ештеме	nichts	жеу	essen
		жиі	oft
ж		жиһан	Weltall
жабу (жап-)	schließen	жиырма	zwanzig
жаз	Sommer	жоғалту	verlieren
жазу	schreiben	жоғалу	verloren gehen
жазушы	Schriftsteller	жоғарыда	oben
жаю (жай-)	hüten, weiden	жоқ	nicht vorhanden
жайлау	Sommerweide	жол	Weg
жақсы	gut	жөнінде	betreffend, über
жақсы көру	lieben	жуу	waschen
жақын	nahe	жуыну	sich waschen
жақында	kürzlich, in Kürze	жұлу	herausziehen
жаман	schlecht, schlimm	жұмыс	Arbeit
жан	Seite	жұмыс істеу	arbeiten
жаңа	neu, frisch	жұмысшы	Arbeiter
жаңалық	Neuigkeit	жүз	hundert
жаңбыр	Regen	жүзік	Ring
жарым	halb	жүзім	Traube
жарыс	Wettstreit	жүріс	Fußmarsch
жарысу	wettstreiten	жүру	(los)gehen
жас	jung; Lebensjahr	жығылу	stürzen, fallen
жасау	machen	жыл	Jahr
жасау	leben	жылы	warm
жасыл	grün	жібек	Seide
жату	liegen, sich legen	жіберу	schicken
жауу	regnen	жіберуші	Absender
жауап	Antwort		
және	und	**з**	
жегізу	zu essen geben	завод	Werk, Betrieb
жеміс	Obst	зат	Ding, Sache
жеңіл	leicht, einfach	зиян	schädlich
жер	Ort, Platz, Boden	зорға	mit Mühe
жер беті	Erdoberfläche		
жеткізу	führen, geleiten		

К

каталог	Katalog
кез	Zeitpunkt
кездесу	sich begegnen
кейде	manchmal
кейін	nachher, danach
келісу	übereinkommen
келу	kommen; Ankunft
кемпір	alte Frau
кең	breit, geräumig
кеңес беру	empfehlen
кеңсе	Büro
керек	notwendig
керемет	wunderbar
керуен	Karawane
кету	(weg)gehen; Abfahrt
кеш	spät, Abend
кеше	gestern
кешегі	gestrig
кешігу (кешік-)	sich verspäten
кешіру	verzeihen
кешірім	Entschuldigung
кешкі ас	Abendessen
кигізу	anziehen lassen
киім	Kleidung
киіну	sich anziehen
километр	Kilometer
кино	Kino
кию (ки-)	anziehen
клуб	Klub
концерт	Konzert
көбею	sich mehren
көз	Auge
көйлек	Hemd, Kleid
көк	blau, grün
көктеу	grünen
көл	See
көмектесу	helfen
көңіл	Gefühl
көңілді	fröhlich
көп	viel, zahlreich
көпір	Brücke
көріну	aussehen
көрісу	sich sehen
көрсету	zeigen
көру	sehen
көрші	Nachbar
көше	Straße
күз	Herbst
күйеу	Ehemann
күлу	lachen
күлкі	Gelächter
күміс	Silber
күмісші	Silberschmied
күн	Tag
күнде	jeden Tag
күні бойы	den ganzen Tag
күттір	warten lassen
күту	warten
күш	Kraft
күшсіз	kraftlos, schwach
күшті	kräftig
кілем	(Web-)teppich
кілемше	kleiner Teppich
кілемші	Teppichweber
кілемшілік	Teppichweberei
кім	wer
кіргізу	eintreten lassen
кіру	eintreten; Eingang
кіpicу	sich daran machen
кісі	Person
кітап	Buch
кітапхана	Bibliothek
кітапханашы	Bibliothekar
кітапша	Büchlein

кіші	jünger, klein	қарсы	entgegen, gegen
кішкене	klein	қарт	alt, greis
		қарын (-рны)	Leib
қ		қате	Fehler, falsch
қабат	Stockwerk, Etage	қатысу	teilnehmen
кабылдау	an-, einnehmen	қауын	Zuckermelone
қағаз	Papier	қашан	wann,
қағу (қақ-)	klopfen	қиын	schwierig
қазақ	Kasache, Kasachin	кобди	Kiste, Truhe
қазақша	auf Kasachisch	кобдиша	Kästchen
қазан	Oktober	кою (қой-)	setzen, stellen
қазір	jetzt, gleich	койын	Brust
қазіргі	gegenwärtig	койындасу	sich umarmen
кай жерге	wohin	қол	Hand
кай жерде	wo	қолы тию	die Möglichkeit haben
кай жерден	woher		
қай(сы)	welcher	қонақ	Gast
қайда	wo, wohin	қонақ үй	Hotel
қайдан	woher	қора	Hof, Gehöft
қайталау	wiederholen	қорқу	sich fürchten
қайтару	zurückgeben	кофе	Kaffee
қайту	zurückkehren	кош	angenehm, wohl
қалу	bleiben	қоштасу	sich verabschieden; Abschied
қала	Stadt		
қалай	wie	қуандыру	erfreuen
қалам	Stift	қуану	sich freuen
қалау	wollen, wünschen	қуаныш	Freude
қалтылдау	zittern	қуанышты	erfreut
қандай	von welcher Art	құмалақ	Kügelchen
қанша	wie viele	құмар	begeistert
қара	schwarz	құс	Vogel
қарау	schauen	құтты	glücklich
қарағанда	im Vergleich zu	құттықтау	beglückwünschen
қарай	in Richtung	қыз	Tochter, Mädchen
қарамай	ungeachtet, trotz	қызығу (к-)	sich interessieren
қарамастан	ungeachtet, trotz	қызық	interessant
қарап	in Richtung	қызықтыру	interessieren
қарсы	das Gegenüber	қызыл	rot

қымбат	teuer
қымыз	Kumys
қырық	vierzig
қысқа	kurz

М

мақала	Artikel, Aufsatz
мақтау	loben
машина	Auto
ме	(Fragepartikel)
мейман	Gast
мейманхана	Gästehaus, Hotel
мейрам	Fest
мейрамхана	Restaurant
мекен-жай	Adresse
мектеп	Schule
мен	ich
-мен	mit
метро	Metro
минут	Minute
мұғалім	Lehrer
мұнда	hier, hierher
мұражай	Museum
мұрұн (-рны)	Nase
мың	tausend
мына жерде	hier
мына(у)	der hier
мырза	Herr
міну	ein-, aufsteigen
міне	sieh hier

Н

нан	Brot
наурыз	Neujahr
нәрсе	Ding, Sache
не	was
не ... не	weder ... noch
не үшін	wofür, warum
неге	wozu, warum
неден	woraus, weshalb
неліктен	weshalb, warum
немесе	oder
неміс	Deutsche(r)
немісше	auf Deutsch
неше	wie viele
нешінші	der wievielte

О

ой	Gedanke
ойнау	spielen
оқулық	Lehrbuch
оқушы	Schüler
оқу (оқы-)	lesen, studieren
оқыту	lehren
оқытушы	Erzieher, Lehrer
оқытушылық	Lehrerberuf
ол	jener, er
он	zehn
оңда	rechts
онша	so, derart
орта	Mitte
орталық	Zentrum
орын (-рны)	Platz
орындау	durchführen
орындық	Stuhl
орыс	Russe
орысша	auf Russisch
осы	dieser hier
осы жерде	hier
осында	gleich hier, hierher
отыз	dreißig
отыру	sich setzen, sitzen
ояну	aufwachen

ө

өз	selbst
өзбек	Usbeke
өзбекше	auf Usbekisch
өзен	Fluss
өкінішке орай	bedauerlicherweise
өлу	sterben
өмір	Leben(sdauer)
өмір сүру	leben
өсіру	aufziehen, züchten
өсу	wachsen, gedeihen
өте	sehr
өтіну	bitten
өткізу	verbringen (Zeit)
өту	vorbeigehen

п

пайда	Nutzen
пайдалы	nützlich
пайдасыз	nutzlos
пәтер	Wohnung
пияла	Trinkschale
пікір	Idee
пісіру	backen, kochen (tr.)
пісу	reifen, kochen
пойыз	Zug
пошта	Post
профессор	Professor
процент	Prozent

р

радио	Radio
рахмет	Dank
рет	Mal
рецепт	Rezept
рұқсат	Erlaubnis
рұқсат ету	gestatten

с

сабақ	Unterricht
сағат	Stunde, Uhr
сайын	jeder
салу	setzen, erbauen
сан	Zahl
сары	gelb
сату	verkaufen
сатушы	Verkäufer
сатып алу	kaufen
сау	gesund
саяхат	Reise
сәлем	Gruß
сәлемдесу	sich begrüßen; Begrüßung
сәлемет	wohlauf
себу (сеп-)	streuen, säen
сегіз	acht
сейілу	sich verziehen
секіру	springen
сексен	achtzig
сен	du
сену	glauben
сендер	ihr
серуен	Spaziergang
сирек	selten
сиыр	Kuh
сияқты	wie
соғу (соқ-)	schlagen
сол	jener
сол жерде	dort
солай	so
солда	links
соң	nachher, nach
сонда	dort, dorthin
сонша	so viel
сөз	Wort
сөздік	Wörterbuch

сөйлесу	sich unterhalten	тапсырма	Aufgabe
сөйлеу	sprechen	тарану	sich kämmen
сөмке	Tasche	тарап	Seite
сөндіру	auslöschen	тастау	werfen
сөну	verlöschen	тарау	kämmen
студент	Student	тау	Berg
суық	kalt	тәрбиелеу	erziehen
сұлу	schön	тәтті	süß
сұрау	fragen	тез	schnell
сүю (сүй-)	lieben	тез арада	bald
сүйкімді	sympathisch	тек	Regal
сүт	Milch	теледидар	Fernseher
сынып	Klasse	телефон	Telefon
сырт	Äußeres	телефон соғу	anrufen
сыртқы	äußerer	темекі	Tabak
сіз	Sie (Sg.)	теңге	Tenge (Währung)
сіздер	Sie (Pl.)	теңіз	Meer
сіңлі	jüngere Schwester	терезе	Fenster
		тию (ти-)	berühren
т		тиіс	verpflichtet
табу (тап-)	finden	тоғыз	neun
таза	sauber, rein	тоғыз құмалақ	neun Kügelchen (Name eines Spiels)
тазалату	säubern lassen	той	Hochzeit
тазалау	säubern, reinigen	тоқсан	neunzig
тазалық	Sauberkeit	тоқтату	anhalten
тай	Fohlen	тоқтау	stehen bleiben
такси	Taxi	толық	voll
талап ету	fordern	тоты құс	Papagei
талпыну	versuchen	тою (той-)	satt werden
тамақ	Essen, Speise	төлеу	bezahlen
тамақтану	speisen	төменде	unten
таман	in Richtung	төр	Ehrenplatz
тамшы	Tropfen	төрт	vier
танысу	einander kennen	туу	geboren werden
таныстыру	bekannt machen	туралы	betreffend, über
тану (таны-)	kennen	турист	Tourist
таңдау	(aus)wählen	тұман	Nebel
таңертеңгі	morgendlich		

тұмау	Schnupfen, Erkältung		**ү**
		үй	Haus
тұру	(auf)stehen, leben	үйлену	heiraten (m.)
түгіл	nicht (nur)	үйрену	lernen
түн	Mitternacht	үлкен	groß
түс	Mittag	үміт	Hoffnung
түсіндіру	erklären	үміт ету	hoffen
түсіну	verstehen	үст	Oberseite
түсу	fallen	үш	drei
тым	zu sehr	үшін	für, wegen
тыңдау	(zu)hören		
тырысу	sich bemühen		**ф**
тігу (тік-)	nähen	француз	Franzose
тіл	Sprache		
тіс	Zahn		**х**
		халық (-лқы)	Volk
	у		
уақыт	Zeit		
университет	Universität		**ч**
		чемодан	Koffer
	ұ		**ш**
ұзақ	weit, lang (dauernd)	шабу (шап-)	galoppieren
ұзын	lang	шай	Tee
ұйықтау	schlafen	шайхана	Teehaus
ұйымдастыру	organisieren	шақырту	rufen lassen
ұқсау	ähneln	шақыру	rufen, einladen; Einladung
ұл	Sohn		
ұлттық	national	шейін	bis
ұлы	groß, erhaben	шегу (шек-)	ziehen, rauchen
ұмыту	vergessen	шетел	Ausland
ұнату	mögen, gerne haben	шеше	Mutter
ұнау	gefallen	шешіну	sich ausziehen
ұстау	sich benehmen	шешу	lösen, ausziehen
ұсыну	empfehlen, anbieten	шұғыл	Beschäftigung
ұшақ	Flugzeug	шұғылдану	sich beschäftigen
ұшыру	fliegen lassen	шығару	herausholen
ұшу	fliegen	шығу (шық-)	hinausgehen; Ausgang

шығыс	Aufgang, Osten	іт	Hund
шын пейілмен	mit Vergnügen	іш	Inneres
		ішкеріде	drinnen
	ы	ішкі	innerer
ыстық	heiß	ішкізу	zu trinken geben
ысу	heiß werden	ішу	trinken
	і		**ю**
іздеу	suchen	юбка	Rock
іні	jüngerer Bruder		
ірі	groß, riesig		**я**
іс	Angelegenheit	я ... я	entweder ... oder
істеу	machen, tun		

Sachregister

Ablativ 11, 29, 33, 38, 79
Absicht 52
Adjektiv 18ff.
Adjektivbildung 103 f.
Adverb 18, 21
Äquativsuffix 105 f.
Akkusativ 10, 75, 78
Alphabet 1
Alter 31
Alternativfragen 28
Approximativzahlen 30
Artikel 7, 18
Attribut 18
Aufforderungsformen 64
Betonung 2, 20, 27, 28, 99
бол- 40, 43, 69, 111
бар, жок 14, 43, 82
Bruchzahlen 33
Dativ 9, 31, 37, 75, 78
Datum 32
Deklination 8 ff.
Demonstrativpronomina 22
Dezimalangaben 33
Distributivzahlen 33
Dubitativ 42
dürfen 75
еді 41, 67
екен 42, 68, 80
емес 39, 45
es 24
Finalsätze 116
Fragepartikel 28, 99
Futur 46 ff., 84
Futur II 69
gehören 9, 105

Genitiv 8
Gen.-Poss.-Konstruktion 16
Gewohnheit 48
Großschreibung 2
haben 14
Hilfsverb *sein* 39
Hilfsverben 54, 87, 90
Imperativ 64 f.
Indefinitpronomina 26
Indirekte Fragesätze 78
Infinitiv 74
Instrumental 34
Intensivformen des Adjektivs 20
Interrogativpronomina 27
Kardinalzahlen 29
Kasus 8 ff.
Kasus indefinitus 7
Kausalsätze 116
Kausative Verbstämme 108
können 87
Kollektivzahlen 30
Komparativ 19
Komparativsätze 105
Konditionalsatz 70
Konjunktionen 97
Konsonanten 4 f.
Konverbien 86 ff.
Konzessivsätze 116
Kooperativsuffix 108
Lautgesetze 6
Lautlehre 1
Lokativ 10
man 26
Mengenangaben 7
Modalsätze 116

mögen 66
Möglichkeit 87
müssen 76
Nebensätze 111
Negation 39, 44
Nominativ 7
Notwendigkeit 76
Objekt 111
Optativ 66
Ordinalzahlen 32
Partikeln 99
Partizip 44, 81 ff.
Passiv 110
Perfekt 58 ff.
Personalendungen 39, 44, 58, 70
Personalpronomina 23
Plural 8
Plusquamperfekt 67
Possessivpronomina 24
Possessivsuffixe 12, 15
Postpositionen 34 ff.
Prädikat 111
Prädikatsnomen 39, 44
Präsens 39, 54 ff, 83
Präsens-Futur 46 ff.
Präteritum 41, 67
Pronomina 22
Pronominales н 15, 22
Reflexive Verbstämme 107
Reflexivpronomen 24
Relativsätze 81 ff.
Reziproke Verbstämme 107
Reziprokes Pronomen 26
Singular 7

sollen 52, 65
Sprachbezeichnungen 106
Subjekt 111
Subjektkasus 7
Substantiv 7
Substantivbildung 101 ff.
Suffixbildung 3
Superlativ 19
Temporalsätze 116
Themasuffix 44
тӱр 39, 46, 51, 88, 93
Uhrzeit 30 f.
unbestimmter Artikel 7
Ursache 12
Verallgemeinernde Relativsätze 73
Verbaladverbien s. Konverbien
Verbalkompositionen 87, 90 ff.
Verbalnomina 74 ff.
Verbbildung 107 ff.
Verbstamm **e-** 40
Vermutung 72
Vokale 3 ff.
Vokalharmonie 2
Vollverb 44 ff.
Wegstrecke 12, 35
wollen 52
wörtliche Rede 93
Wortbildung 101 ff.
Wortfolge 111 f.
Wunsch 102
Zahlen 29 ff.
Zugehörigkeitssuffix 104
Zusammengesetzte Substantive 17
Zusammengesetzte Verbformen 56

Literaturverzeichnis

Ayapova, Tangat Tangirberdi kyzy: Learn the Kazakh Language in 70 Steps. Kensington 1992

Dave, Bhavna: Kazakhstan. Ethnicity, language and power. London 2007

Khaliev, Erkin Zekenovic; Esentemirova, Ä.: English-Russian-Kazakh conversational. Almaty 2001

Khoussaynova, Cholpan; Dor, Rémy: Manuel de Qazaq. Paris 1997

Kirchner, Mark: Phonologie des Kasachischen. 2 Bde. Wiesbaden 1992

Kirchner, Mark: Kazakh and Karakalpak. The Turkic Languages, 1998, S. 318–332

Kozachmetova, Chadisa: 40 urokov kazachskogo jazyka. Alma-Ata 1989

Krippes, Karl A.: Kazakh Grammar with Affix List. Maryland 1996

Krueger, John R.: Introduction to Kazakh. Bloomington 1980

Menges, Karl Heinrich: Die aralo-kaspische Gruppe. Philologiae Turcicae Fundamenta 1959, S. 439–488

Musaev, Kenesbaj Musaevic: Kazachskij jazyk. Učebnik. Moskva 2008

Myrzabekova, K.: Kazaksha–nemisshe sözdik. Almaty 1992

Russko–kazakhskij frazeologičeskij slovar. Alma–Ata 1985

Rysbaeva, Güldarhan K.: Kazak tili. Almaty 2000

Somfai Kara, Dávid: Kazak. München 2002

Temir, Ahmet: Die nordwestliche Gruppe der Türksprachen. Handbuch der Orientalistik, Turkologie, S. 161–173. Leiden 1963